KÜHLSCHRANK
TORTEN

ABKÜRZUNGEN

cm = Zentimeter
El = Esslöffel
g = Gramm
kg = Kilogramm
ml = Milliliter
Msp. = Messerspitze
Pck. = Päckchen
TK = Tiefkühlprodukt
Tl = Teelöffel

BILDNACHWEIS

Rezeptfotos:
TLC Fotostudio

Illustrationen:
Fotolia.com: © andersphoto (Bordüre), © ivan mogilevchik (Tortenstück), © wooster (Muster S. 11), © Hanna (Muster Tipps und S. 35), © luckyguy (Muster S. 111)

KÜHLSCHRANK
TORTEN

INHALT

DER BACKOFEN HAT FERIEN!

Appetit auf Schnitten, Törtchen oder eine leckere Torte, aber keine Lust darauf, den Backofen anzustellen? Keine Sorge. Für die Rezepte in diesem Buch benötigen Sie nur ein Gerät: einen funktionierenden Kühlschrank. Ideal für alle, die wenig Zeit haben oder es lieber kühl und frisch mögen. Schmeckt übrigens nicht nur an heißen Tagen, sondern auch im Winter! Ob verführerische Eierlikör-Törtchen, fruchtiger Beerentraum oder herrlich luftige Mousse-au-Chocolat-Wolke – probieren Sie die mehr als 50 himmlischen Rezepte in diesem liebevoll gestalteten Backbuch aus!

FEINE BÖDEN AUS KEKS, KRÜMEL ODER KNUSPERZEUG

Leichter geht es kaum: Als Grundlage für den Boden eignen sich die eigenen Lieblingskekse, Löffelbiskuits, Butterkekse, Nusstaler, Haferkekse, Cookies, Cantuccini, Amarettini, Buchstabenkekse und vieles mehr. Sogar Popcorn, Müsli, Zwieback, Cornflakes, Baiser und Waffeln lassen sich köstlich zweckentfremden, und auch aus trockenen Kuchenresten und zerbröseltem Pumpernickel oder Knäckebrot lassen sich erstaunliche Böden zaubern.

Die Kekse werden einfach in einen Gefrierbeutel gelegt und dann mit einer Teigrolle zerbröselt. Anschließend werden die Brösel mit zerlassener Butter, geschmolzener Schokolade oder Nougat, Marzipan, Mandeln, Nüssen und vielem mehr vermengt, mit einem Löffel zu einem Boden festgedrückt und kalt gestellt. Butter, Schokolade, Marzipan, Nougat usw. binden die Brösel und sorgen dafür, dass der Kuchen gut zusammenhält.

Für den Boden einer Torte (Springform, 26 cm Durchmesser) benötigen Sie 200 g Keksbrösel, ca. 80–100 g zerlassene Butter oder 100 g geschmolzene Schokolade (Grundrezept). In der Regel beträgt das Verhältnis von Bröseln und bindenden Zutaten 2:1. Anders sieht es aus, wenn weitere Zutaten untergerührt werden, etwa gemahlene Mandeln oder Nüsse, Kokosraspel, Krokant usw. Das Grundrezept eignet sich für Torten und Schnitten gleichermaßen.

BACKEN OHNE BACKEN

Für Torten ideal sind die Böden von Springformen, die Bröselmasse lässt sich hier sehr gut zu einem Boden andrücken. Alternativ können Sie eine Tortenplatte mit Tortenspitze oder Backpapier belegen, einen Backrahmen darumstellen und dann den Boden fest andrücken. Für Schnitten eignet sich ein eckiger Backrahmen, für Törtchen kleine Tartelettförmchen oder z. B. ein Muffinblech. Torte und Schnitten lassen sich zum Servieren leicht lösen, wenn Sie das Backpapier unter den Springformrand oder den Backrahmen legen.

BÖDEN

FÜR BESONDERE GELEGENHEITEN

SPEKULATIUS

Für Advents- und Weihnachtstorten sind sie die ideale Keksgrundlage. Mit geschmolzener Schokolade ein Genuss!

SCHOKOPUFFREIS

Ergibt eine schokoladig-luftige Basis z. B. für Kaffee- oder Kirschcremes. Nur mit flüssiger Schokolade mischen, Butter eignet sich hier nicht so gut.

CANTUCCINI

Die knackigen italienischen Mandelkekse geben Torten- und Kuchenböden extra Biss. Zum Zerkleinern des harten Gebäcks eignet sich am besten ein Universalzerkleinerer.

AMARETTINI

Die luftigen Kekse geben dem Tortenboden ohne Backen ein feines Marzipanaroma. Lecker für Beerenkuchen aller Art oder Torten mit Kaffeecreme.

DAS ZWEITWICHTIGSTE: DAS TOPPING

Am bekanntesten unter den Kühlschrank-Torten ist die klassische Frischkäsetorte. Der Belag wird aus Frischkäse zubereitet, der mit Zitronensaft (oder anderem Saft), Früchten, Fruchtpürees, aber auch Kakao- oder Kaffeepulver variiert wird. Es muss jedoch nicht immer Frischkäse sein. Genauso gut können Quark, Sahne, Crème fraîche, Schmand, Mascarpone oder Ricotta verwendet werden. Auch Kompott oder Milchreis eignen sich als Tortenfüllung – je nachdem ist die Konsistenz der Creme etwas lockerer oder fester.

Geschlagene Sahne vorsichtig unter die Füllung gehoben, macht die Torte luftiger. Mithilfe von Gelatine bekommt die Tortenfüllung die richtige Festigkeit. Auch Pudding, Joghurt, fertiges Dessertpulver, Crème double oder Schokolade können Bestandteil der Füllung sein.

Nicht zu vergessen sind Früchte. Beliebt sind Kirschen, Erdbeeren, Mandarinen, Mango, Johannisbeeren, Heidelbeeren, Pfirsiche und Orangen. Aber auch Melone, Stachelbeeren, Birnen und Äpfel sorgen für Abwechslung auf dem kalten Torten- und Törtchenbuffet.

Beim Garnieren sind Ihrer Fantasie keine Grenzen gesetzt. Während Erwachsene auf Sahnetuffs, Früchte, Marzipan, Kekse und andere traditionelle Zutaten setzen, darf es für Kinder schon ein wenig bunter zugehen. Kleine Würfel aus Götterspeise, Popcorn, Gummibärchen, bunte Dragees, bunte Schokostreusel und Müsli machen die kleinen Köstlichkeiten aus dem Kühlschrank für sie noch interessanter. Bei kleinen und großen Tortenessern gleichermaßen beliebt ist ein Guss aus Fruchtpüree.

FRÜHLINGS-
TORTEN

WENN ENDLICH DER FRÜHLING AN DIE TÜR KLOPFT UND DIE ERSTEN WARMEN SONNENSTRAHLEN ZU EINEM KAFFEESTÜNDCHEN AUF BALKON UND TERRASSE EINLADEN, SIND FRISCHE, LEICHTE TORTEN MIT JOGHURT, BUTTERMILCH, BAISER UND LECKEREN FRÜCHTEN GENAU DAS RICHTIGE. DA WIRD GARANTIERT KEIN KRÜMEL ÜBRIGBLEIBEN.

EIERLIKÖR-TÖRTCHEN
MIT HIMBEEREN

FÜR 6 TÖRTCHEN

Für den Boden
Pflanzenöl für die Förmchen
100 g Butter
250 g Butterkekse

Für den Belag
3 Blatt weiße Gelatine
½ Pck. Vanillepuddingpulver
175 ml Milch
25 g Zucker
125 ml Eierlikör
100 g Sahne
½ Pck. Vanillezucker

Außerdem
150 g Himbeeren zum Garnieren

1 6 Tortelettförmchen mit herausnehmbarem Boden leicht ölen. Die Butter in einem Topf zerlassen und etwas abkühlen lassen. Kekse sehr fein mahlen und mit der Butter mischen. Bröselmasse in den Förmchen verteilen, dabei erst am Rand, dann auf dem Boden fest andrücken. Zugedeckt 1 Stunde kalt stellen.

2 Für den Belag Gelatine in kaltem Wasser einweichen und den Pudding nach Packungsanleitung (hier jedoch mit 175 ml Milch und 25 g Zucker) zubereiten. Gelatine ausdrücken und im heißen Pudding auflösen. Eierlikör unterrühren und den Pudding etwas erkalten lassen. Sahne mit Vanillezucker steif schlagen und kurz unter den Pudding rühren.

3 Den Eierlikörpudding in den Förmchen verteilen. Die Himbeeren verlesen und gegebenenfalls vorsichtig waschen und trocken tupfen. Himbeeren darauflegen und die Torteletts 2 Stunden kalt stellen. Dann die Torteletts vorsichtig aus den Förmchen lösen und servieren.

ERDBEERTORTE
MIT PISTAZIEN

FÜR 12 STÜCKE

Für den Boden
150 g Butter
200 g Vollkorn-Butterkekse

Für die Creme
300 g Frischkäse
100 g Puderzucker
2 El Milch
75 g gemahlene Pistazien

Für den Belag
600 g frische Erdbeeren
500 g Sahne
½ Pck. Vanillezucker
1 Pck. Sahnesteif
½ Pck. roter Tortenguss
1 El Zucker
125 ml Apfelsaft

Außerdem
12 Erdbeerhälften und
gehackte Pistazien
zum Garnieren

TIPP

Die Creme schmeckt auch mit gemahlenen Walnüssen oder Haselnüssen.

1 Für den Boden die Butter in einem Topf zerlassen. Die Kekse in einen Gefrierbeutel geben, diesen fest verschließen und die Kekse mit einer Teigrolle zerbröseln. Butter und Brösel verrühren und auf dem Boden einer Springform (Ø 26 cm) mit einem Löffel zu einem Teigboden andrücken. 1 Stunde kalt stellen.

2 Für die Creme Frischkäse, Puderzucker und Milch verrühren. Die Creme auf den Teigboden geben und glatt verstreichen. Mit den gemahlenen Pistazien bestreuen. 1 Stunde kalt stellen.

3 Für den Belag Erdbeeren waschen, entstielen und halbieren. Sahne halb steif schlagen, Vanillezucker und Sahnesteif einrieseln lassen und die Sahne steif schlagen. Die Erdbeeren mit der Schnittseite nach unten auf der Creme verteilen. Die Sahne daraufgeben und gut verstreichen.

4 Den Guss nach Packungsanleitung mit Zucker und Apfelsaft zubereiten und noch warm streifenförmig durch die Sahne ziehen. Die Torte 5–6 Stunden kalt stellen und vor dem Servieren mit Pistazien und Erdbeerhälften bestreuen.

CAPPUCCINO-VERFÜHRUNG
MIT MANDARINEN

FÜR 12 STÜCKE

Für den Boden
300 g Löffelbiskuits
125 g Butter
1 El Cappuccinopulver mit Marzipangeschmack
1 Msp. gemahlener Zimt

Für den Belag
250 g Mandarinenstücke aus dem Glas
75 g dunkle Schokolade mit Cappuccinogeschmack
6 Blatt weiße Gelatine
450 g Frischkäse
200 g Schmand
75 g Zucker
½ Pck. Vanillezucker
1 El Cappuccinopulver mit Marzipangeschmack
200 g Sahne

Außerdem
1 El Cappuccinopulver zum Bestäuben

TIPP

Cappuccino durch Kakaopulver ersetzen und die Schokolade ohne Cappuccinogeschmack verwenden, dann schmeckt die Torte auch Kindern sehr gut.

1 Für den Boden Löffelbiskuits in einen Gefrierbeutel geben und diesen fest verschließen. Mit einer Teigrolle fein zerbröseln. Butter zerlassen und mit Keksbröseln, Cappuccinopulver und Zimt vermengen. Einen Springformrand (Ø 26 cm) auf eine mit Backpapier oder mit Tortenspitze belegte Tortenplatte setzen und die Masse mit einem Löffel zu einem Boden andrücken. 1 Stunde kalt stellen.

2 Für den Belag die Mandarinen in einem Sieb abtropfen lassen und die Schokolade reiben. Gelatine nach Packungsanleitung in kaltem Wasser einweichen. Frischkäse, Schmand, Zucker und Vanillezucker in einer Rührschüssel gut verrühren. Cappuccinopulver unterrühren. Die Sahne steif schlagen.

3 Gelatine ausdrücken und auflösen. Mit etwas Frischkäsemasse verrühren, dann unter die restliche Creme ziehen. Sahne und Schokoladenraspel unterheben.

4 Einige Mandarinen für die Garnitur abnehmen, die restlichen auf dem Boden verteilen. Die Creme daraufgeben und glatt auf dem Boden verstreichen. Die Torte mit Mandarinen garnieren und mit Cappuccinopulver bestäuben. Einige Stunden kalt stellen.

LEICHTE
JOGHURTTORTE

FÜR 12 STÜCKE

Für den Boden
250 g Schoko-Cookies
100 g Butter

Für den Belag
6 Blatt weiße Gelatine
150 g Crème fraîche
300 g Frischkäse
300 g Joghurt
75 g Zucker
½ Pck. Vanillezucker
abgeriebene Schale von
1 unbehandelten Orange
4 El Orangensaft
500 g Erdbeeren

Für die Garnitur
250 ml Apfelsaft
1 Pck. roter Tortenguss
2 El Zucker

1 Für den Boden Cookies in einen Gefrierbeutel geben und diesen fest verschließen. Mit einer Teigrolle fein zerbröseln. Butter zerlassen und mit Keksbröseln vermengen. Einen Springformrand (ø 26 cm) auf eine mit Backpapier oder mit Tortenspitze belegte Tortenplatte setzen und die Masse mit einem Löffel zu einem Boden andrücken. 1 Stunde kalt stellen.

2 Für den Belag Gelatine in kaltem Wasser einweichen. Crème fraîche mit Frischkäse, Joghurt, Zucker, Vanillezucker, Orangenschale und -saft verrühren. Gelatine ausdrücken, auflösen und mit einem Teil der Frischkäse-Joghurt-Masse verrühren, dann unter die restliche Creme rühren. Diese auf dem Boden verteilen und glatt streichen. 2 Stunden kalt stellen.

3 Den Springformrand lösen. Erdbeeren waschen, trocken tupfen, putzen, halbieren und auf dem Boden verteilen. Aus Apfelsaft, Tortenguss und Zucker einen Guss zubereiten und auf den Erdbeeren verteilen. Im Kühlschrank 15 Minuten fest werden lassen.

TIPP

Die Creme halbieren und eine Hälfte mit Lebensmittelfarbe rot färben, erst die rote, dann die weiße Creme auf den Boden streichen und mit einer Gabel ein Muster durch beide Schichten ziehen. Nach Belieben die Torte mit klein gehackten Schoko-Cookies garnieren.

ZARTES

HIMBEER-BAISER-HERZ

FÜR 6 BIS 8 STÜCKE

Für den Boden
100 g Baiserschalen
125 g weiße Schokolade
10 g Kokosfett
75 g gemahlene Walnüsse

Für den Belag
5 Blatt weiße Gelatine
250 g Himbeeren
100 g Zucker
250 g Mascarpone
350 g Magerquark
200 g Sahne

Außerdem
Himbeeren und rosa Baiser-tupfen zum Verzieren
Öl für die Form

TIPP

Die Torte schmeckt auch mit anderen Beeren gut. Die Nüsse für den Boden vorher einige Minuten in einer Pfanne ohne Fett rösten, um ihr Aroma zu verstärken.

1 Für den Boden Baiser mit der Teigrolle zerkleinern, Schokolade grob hacken. Kokosfett und Schokolade im warmen Wasserbad schmelzen. Nüsse, Baiser und geschmolzene Schokolade gut vermengen. Den Boden einer Herz-Springform (ca. 20 cm) mit Öl fetten. Baiser-Schoko-Mix auf dem Boden verteilen und 2 Stunden kalt stellen.

2 Jeweils 3 und 2 Blatt Gelatine getrennt in kaltem Wasser einweichen. Himbeeren verlesen, waschen und abtropfen lassen. Die Himbeeren mit 1 El Zucker pürieren. Mascarpone, restlichen Zucker und Quark in einer Rührschüssel zu einer glatten Creme verrühren. Ein Drittel der Mascarponecreme abnehmen und mit dem Himbeerpüree verrühren.

3 3 Blatt Gelatine ausdrücken und auflösen. Etwas von der Himbeer-Mascarpone-Creme einrühren, dann unter die übrige Creme rühren. Die Creme 30 Minuten kalt stellen. Restliche Gelatine ausdrücken und auflösen. Etwas von der Mascarponecreme (ohne Himbeerpüree) einrühren, dann in die übrige Creme rühren. Creme 30 Minuten kalt stellen.

4 Die Sahne steif schlagen. Die Hälfte der Sahne unter die Himbeer-Mascarpone-Creme, die andere Hälfte unter die Mascarponecreme heben. Beide Cremes in Klecksen auf den Boden geben und mit einem Spieß oder einer Gabel leicht marmorieren. Die Torte 5 Stunden kalt stellen.

5 Den Boden vorsichtig aus der Form lösen. Torte mit Baiser und Himbeeren verzieren und sofort servieren.

MAIWOLKE
„WALDMEISTER“

FÜR 8 STÜCKE

Für den Boden
175 g Löffelbiskuits
125 g Butter

Für den Belag
200 g Frischkäse
100 g Puderzucker
250 g Sahne
1 ½ Pck. Götterspeisenpulver „Waldmeistergeschmack“

TIPP

Mit frischem Waldmeister garnieren oder alternativ Götterspeisenpulver mit Himbeergeschmack verwenden und mit Löffelbiskuit und Himbeerkonfitüre garnieren.

1 Für den Boden Löffelbiskuits in einen Gefrierbeutel geben und diesen fest verschließen. Mit einer Teigrolle fein zerbröseln. Butter zerlassen und mit den Keksbröseln vermengen. Einen Springformrand (Ø 22 cm) auf eine mit Backpapier oder mit Tortenspitze belegte Tortenplatte setzen. Die Masse in die Form geben und mit einem Löffel zu einem Boden andrücken. 1 Stunde kalt stellen.

2 Für den Belag Frischkäse und Puderzucker in einer Rührschüssel verrühren. Sahne steif schlagen und unterziehen.

3 Das Götterspeisenpulver mit 100 ml kaltem Wasser glatt anrühren und erhitzen, aber nicht kochen. Etwas abkühlen lassen und mit der Frischkäse-Sahne-Creme verrühren. Die Creme auf dem Boden verstreichen und im Kühlschrank 4 Stunden fest werden lassen. Den Springformrand lösen.

4 Für die Garnitur eine halbe Packung Götterspeise nach Packungsangabe zubereiten und in eine flache Form gießen. Abkühlen lassen und mit Ausstechern Motive ausstechen. Die Torte damit verzieren.

EIERLIKÖR-CHEESECAKE
MIT SCHOKOSTREIFEN

FÜR 12 STÜCKE

Für den Boden
200 g Shortbread
100 g Butter

Für den Belag
8 Blatt weiße Gelatine
1 kg Frischkäse
2 Pck. Vanillezucker
75 ml Eierlikör
200 g Sahne

Außerdem
50 g Zartbitterschokolade und
50 ml Eierlikör zum Verzieren

TIPP

Die Torte zusätzlich mit Ananasstückchen garnieren.

1 Für den Boden Shortbread in einen Gefrierbeutel geben und diesen fest verschließen. Mit einer Teigrolle fein zerbröseln. Butter zerlassen und mit den Keksbröseln vermengen. Einen Backrahmen (20 × 30 cm) auf eine mit Backpapier oder mit Tortenspitze belegte Tortenplatte setzen und die Masse mit einem Löffel zu einem Boden andrücken. 1 Stunde kalt stellen.

2 Für den Belag Gelatine in kaltem Wasser einweichen. Frischkäse in eine Rührschüssel geben. Mit Vanillezucker und Eierlikör verrühren. Gelatine ausdrücken und auflösen. 2 El der Frischkäse-Eierlikör-Mischung mit der Gelatine verrühren, dann unter die restliche Frischkäsemasse rühren. Kalt stellen. Sahne steif schlagen. Wenn die Masse zu gelieren beginnt, Sahne unterheben, auf dem Keksboden verteilen und 4 Stunden kalt stellen.

3 Eierlikör streifenartig auf dem Cheesecake verteilen. Schokolade schmelzen, in ein kleines Pergamenttütchen füllen, eine Spitze abschneiden und die Torte streifenförmig mit Schokolade verzieren.

ZARTE
CHARLOTTE

FÜR 12 BIS 14 STÜCKE

2 Biskuitrollen (je 400 g) mit Erdbeerfüllung aus der Kühltheke
300 g Erdbeeren
8 Blatt weiße Gelatine
450 g Vollmilchjoghurt
75 g Puderzucker
50 ml Orangensaft
400 g Sahne

1 Biskuitrollen in 1 cm dicke Scheiben schneiden und eine runde Schüssel mit Frischhaltefolie auslegen. Die Schüssel (ca. 3 l) mit zwei Drittel der Biskuitscheiben auslegen.

2 Erdbeeren waschen, trocken tupfen, entstielen und in Scheiben schneiden. Gelatine in kaltem Wasser einweichen. Joghurt, Puderzucker und Orangensaft in einer Schüssel verrühren. Gelatine ausdrücken und auflösen. Mit 3 El von der Joghurtmasse verrühren, dann unter die restliche Masse rühren.

3 Sahne steif schlagen und unterheben, dann die Erdbeeren untermengen. Die Creme in die Schüssel geben und glatt verstreichen. Die restlichen Biskuitscheiben darauflegen und die Charlotte 4 Stunden kalt stellen. Die Torte auf eine Tortenplatte stürzen und die Folie abziehen.

TORTE
„FÜRST-PÜCKLER-ART"

FÜR 12 STÜCKE

Für den Boden
200 g Eierplätzchen
200 g Marzipanrohmasse
125 g Butter

Für den Belag
1 kg Magerquark
500 g Mascarpone
125 g Zucker
300 g Sahne
6 Blatt weiße Gelatine
250 g Erdbeeren
100 g Zartbitterschokolade
1 Blatt weiße Gelatine
1 El Kakaopulver

Außerdem
6 Eierplätzchen zum Garnieren
1 El Kakaopulver zum Bestäuben

TIPP

Nach Belieben die Torte mit Erdbeeren verzieren.

Für den Belag können auch Himbeeren zu Püree verarbeitet werden.

1 Für den Boden Eierplätzchen in einen Gefrierbeutel geben, gut verschließen und mit einer Teigrolle grob zerkleinern. Marzipan in einer Rührschüssel grob zerpflücken und nach und nach mit der zerlassenen Butter verkneten. Eierplätzchen unterkneten. Einen Springformrand (Ø 26 cm) auf eine mit Backpapier oder mit Tortenspitze belegte Tortenplatte setzen. Die Masse hineingeben und mit einem Löffel zu einem Boden andrücken. 1 Stunde kalt stellen.

2 Für den Belag Magerquark, Mascarpone und Zucker in eine Schüssel geben und verrühren. Die Creme dritteln. Die Hälfte der Sahne steif schlagen und kalt stellen. Gelatine in kaltem Wasser einweichen. Erdbeeren waschen, trocken tupfen, entstielen und fein pürieren. Erdbeerpüree mit einem Drittel der Creme verrühren. Gelatine ausdrücken und auflösen. Die Hälfte unter die Erdbeercreme rühren und ein Drittel der kalt gestellten Sahne unterheben. Erdbeercreme auf dem Boden verstreichen und 30 Minuten kalt stellen.

3 Restliche Gelatine unter das zweite Cremedrittel rühren und ein weiteres Drittel der Sahne unterheben. Auf der Erdbeercreme verstreichen und wieder kalt stellen.

4 Schokolade grob hacken, im Wasserbad schmelzen. Gelatine in kaltem Wasser einweichen, ausdrücken, auflösen und mit der geschmolzenen Schokolade und dem Kakaopulver unter das restliche Cremedrittel rühren. Restliche Sahne unterheben. In die Form geben und locker verstreichen. Mindestens 2 Stunden kalt stellen. Restliche Sahne steif schlagen und die Torte mit Sahnenocken verzieren. Die restlichen Eierplätzchen mit Kakao bestäuben und halbieren. Auf jede Sahnenocke ein halbes Plätzchen dekorieren.

MINZTORTE
MIT BUTTERMILCHCREME

FÜR 12 STÜCKE

Für den Boden
150 g Löffelbiskuits
125 g Butter
50 g gemahlene Pistazien

Für den Belag
10 Blatt weiße Gelatine
500 g Buttermilch
500 g Schichtkäse
3 El Zitronensaft
75 g Zucker
1 El gehackte Minze
4 El Pfefferminzlikör
250 g Sahne

Außerdem
geschlagene Sahne,
Zitronenzesten und
Minz-Schoko-Täfelchen
(nach Belieben)
zum Garnieren

1 Für den Boden Löffelbiskuits in einen Gefrierbeutel geben und diesen fest verschließen. Mit einer Teigrolle fein zerbröseln. Butter zerlassen und mit den Keksbröseln und gut drei Viertel der gemahlenen Pistazien (Rest für die Garnitur beiseitelegen) vermengen. Das Ganze gleichmäßig auf dem Boden einer Springform (Ø 26 cm) verteilen und andrücken. 1 Stunde kalt stellen.

2 Für den Belag die Gelatine in kaltem Wasser einweichen. Buttermilch, Schichtkäse, Zitronensaft, Zucker und Minze in eine Rührschüssel geben und zu einer Creme verrühren. Likör erwärmen und vom Herd nehmen. Gelatine gut ausdrücken und darin auflösen. Gelatine mit 3 El Creme glatt rühren, dann unter die restliche Creme rühren. Creme kalt stellen. Sahne steif schlagen. Beginnt die Creme zu gelieren, die Sahne unterheben. Die Creme auf dem Boden verstreichen und die Torte 6 Stunden kalt stellen.

3 Die Torte aus der Form lösen. Mit der geschlagenen Sahne Tupfen aufspritzen. Die Torte mit Zitronenzesten, restlichen gemahlenen Pistazien und nach Belieben mit Minz-Schoko-Täfelchen garnieren.

MANGO-KOKOS-TORTE

MIT SAHNECREME

FÜR 12 STÜCKE

Für den Boden
225 g Kokos-Zwieback
125 g Butter

Für den Belag
1 Pck. Götterspeise „Zitronengeschmack“
125 g Zucker
200 g Frischkäse
1 Pck. Vanillezucker
6 El Zitronensaft
1 Mango
300 g Sahne

Außerdem
3 El frisch geschabte Kokosnuss und Mangospalten zum Garnieren

TIPP

Die Torte entweder mit Zitronengötterspeise-Würfeln garnieren oder mit Kokos-Gebäck. Nach Belieben mit gerösteten Kokosraspel bestreuen. Auch die geschabte frische Kokosnuss kann vorab gebräunt werden.

1 Für den Boden Zwieback in einen Gefrierbeutel geben und diesen fest verschließen. Mit einer Teigrolle fein zerbröseln. Butter zerlassen und mit den Keksbröseln vermengen. Das Ganze gleichmäßig auf dem Boden einer Springform (Ø 26 cm) verteilen und andrücken. 1 Stunde kalt stellen.

2 Für den Belag Götterspeisenpulver, 50 g Zucker und 250 ml kaltes Wasser verrühren, unter Rühren erhitzen (nicht kochen!), bis alles gelöst ist. In eine Schüssel füllen und erkalten lassen.

3 Frischkäse, restlichen Zucker, Vanillezucker und Zitronensaft in eine Rührschüssel geben und zu einer glatten Creme verrühren. Mango schälen und das Fruchtfleisch vom Stein schneiden. Mango in dünne Spalten schneiden. Sahne steif schlagen. Wenn die Götterspeise zu gelieren beginnt, erst die Frischkäsecreme, dann die Sahne unterrühren.

4 Den Boden mit einem Drittel der Creme bestreichen, Mangospalten darauf verteilen, dann die restliche Creme darauf verstreichen. Die Torte 4–5 Stunden kalt stellen. Torte aus der Form lösen. Vor dem Servieren mit Kokosnuss und Mangospalten garnieren.

SOMMERLICHE GENÜSSE

VOR ALLEM IN DEN HEISSEN SOMMERMONATEN SIND FRUCHTIGE TORTEN EINE WILLKOMMENE ERFRISCHUNG. DER BODEN IST SCHNELL GEMACHT UND DIE NATUR SCHENKT UNS GERADE IN HÜLLE UND FÜLLE FRÜCHTE ALLER ART. MIT EINER CREME AUS QUARK, MASCARPONE, RICOTTA ODER JOGHURT SORGEN DIE FRUCHTIGEN HINGUCKER FÜR GENUSS PUR. DA DARF ES AUCH SCHON MAL EIN STÜCK MEHR SEIN.

BROMBEERKUCHEN
MIT MASCARPONECREME

FÜR 16 STÜCKE

Für den Boden
150 g Zwieback
125 g Butter
1 El Zucker
1 Pck. Vanillezucker

Für den Belag
6 Blatt weiße Gelatine
250 g Mascarpone
300 g Naturjoghurt
150 g Zucker
1 Msp. gemahlener Zimt
500 g Brombeeren

Für den Guss
1 Pck. klarer Tortenguss
300 ml Apfelsaft
1 El Zucker

Außerdem
Butter für die Form
Zimtpulver zum Bestäuben (nach Belieben)

1 Zwieback in einen Gefrierbeutel geben und diesen fest verschließen. Den Zwieback mit einer Teigrolle fein zerdrücken und in eine Schüssel geben. Butter zerlassen, mit Zucker und Vanillezucker zu den Bröseln geben und die Zutaten gut vermengen.

2 Die Backform (24 × 24 cm) leicht fetten und mit Backpapier auslegen. Die Zwiebackmasse hineingeben und zu einem Boden andrücken. Den Boden 1 Stunde kalt stellen. Den Boden vorsichtig aus der Form nehmen, auf einen Teller oder eine Platte legen und einen Backrahmen darumstellen.

3 Für die Creme Gelatine in kaltem Wasser einweichen. Mascarpone mit Joghurt, Zucker und Zimt verrühren. Gelatine ausdrücken, bei schwacher Hitze auflösen und mit etwas von der Creme verrühren. Das Ganze unter die restliche Creme rühren. Die Creme auf den Boden geben und glatt verstreichen, 3 Stunden kalt stellen.

4 Brombeeren verlesen, vorsichtig waschen und trocken tupfen. Brombeeren auf der Creme verteilen. Aus Tortenguss, Saft und Zucker einen Guss zubereiten, über die Brombeeren geben und kalt stellen, bis der Guss fest geworden ist. Den Backrahmen lösen und den Kuchen in Stücke schneiden. Nach Belieben mit Zimt bestäuben.

BEEREN-TRAUM
MIT JOGHURT-SAHNE

FÜR 8 STÜCKE

Für den Boden
50 g gehobelte Haselnüsse
80 g Butterkekse
80 g Butter

Für den Belag
250 g Mascarpone
125 g griechischer Joghurt (10 %)
50 g Zucker
Mark von 1 Vanillestange
2 El Zitronensaft
500 g gemischte Beeren (Himbeeren, Blaubeeren, Johannisbeeren, Brombeeren)
1 Pck. roter Tortenguss
1 El Zucker

1 Für den Boden die Haselnüsse in einer Pfanne ohne Fett goldbraun rösten, dabei hin und wieder umrühren. Kekse und Haselnüsse in einen Gefrierbeutel geben und diesen verschließen. Mit einer Teigrolle die Mischung fein zerbröseln. Butter zerlassen und mit den Bröseln gut vermengen.

2 Ein Küchenbrett mit Backpapier belegen und einen Tortenring (ø 20 cm) daraufstellen. Die Masse mit einem Löffel gleichmäßig auf dem Boden verteilen und einen ca. 1 cm hohen Rand andrücken. Boden kalt stellen.

3 Für den Belag Mascarpone mit Joghurt, Zucker, Vanillemark und Zitronensaft verrühren. Auf dem Boden verstreichen.

4 Die Beeren verlesen, waschen, trocken tupfen und auf der Creme verteilen. Den Tortenguss mit Zucker nach Packungsanleitung zubereiten und über den Beeren verteilen. Die Torte 1 Stunde im Kühlschrank ziehen lassen. Dann den Backrahmen entfernen und die Torte in Stücke schneiden.

BLAUBEERTORTE
MIT MILCHREIS

FÜR 12 STÜCKE

Für den Boden
250 g weiße Kuvertüre
100 g Cornflakes
100 g gehobelte Mandeln

Für den Belag
500 ml Milch
100 g Milchreis
75 g Zucker
3 Blatt weiße Gelatine
200 g Sahne
1 Pck. Sahnesteif
300 g frische Blaubeeren
125 ml Blaubeer- oder Schwarzer Johannisbeersaft
1 Pck. klarer Tortenguss

TIPP

Statt Blaubeeren den Milchreis mit Mandarinen belegen und statt Cornflakes für den Boden Bananenchips verwenden.

1 Für den Boden die Kuvertüre im Wasserbad schmelzen. Cornflakes und Mandeln mit der Kuvertüremasse verrühren. Einen Springformrand (ø 26 cm) auf eine mit Backpapier oder mit Tortenspitze belegte Tortenplatte setzen und die Masse mit einem Löffel zu einem Boden andrücken.

2 Für den Belag Milch aufkochen, den Milchreis hinzufügen und unter gelegentlichem Rühren in ca. 20 Minuten ausquellen lassen. Zucker unterrühren und etwas abkühlen lassen. Gelatine in kaltem Wasser einweichen, ausdrücken und unter den noch warmen Milchreis rühren. Sobald die Masse geliert, die Sahne mit Sahnesteif steif schlagen und diese vorsichtig unterheben.

3 Die Milchreismasse auf den Boden streichen. Die Torte mindestens 6 Stunden kalt stellen. Die Beeren verlesen und vorsichtig auf die Milchreisschicht legen. Den Tortenguss nach Packungsanweisung mit dem Saft zubereiten und auf den Blaubeeren verteilen. Die Torte nochmals 60 Minuten kalt stellen.

ZITRONEN-CHEESECAKE
MIT MANDARINEN

FÜR 12 STÜCKE

Für den Boden
200 g Löffelbiskuits
125 g Butter

Für den Belag
1 Pck. Götterspeise „Zitronengeschmack“
200 g Frischkäse
150 g Zucker
1 Pck. Vanillezucker
Saft von 1 Zitrone
600 g Sahne
2 Pck. Sahnesteif
2 kleine Dosen Mandarinen

Außerdem
Sahne zum Garnieren
gehackte Nüsse zum Bestreuen

1 Löffelbiskuits in einen Gefrierbeutel geben und diesen fest verschließen. Mit einer Teigrolle fein zerbröseln. Butter zerlassen und mit den Biskuitbröseln vermengen. Einen Springformrand (Ø 26 cm) auf eine mit Backpapier oder mit Tortenspitze belegte Tortenplatte setzen und die Masse mit einem Löffel zu einem Boden andrücken. Den Boden 1 Stunde kalt stellen.

2 Für den Belag die Götterspeise nach Packungsangabe, jedoch ohne Zucker, zubereiten und abkühlen lassen. Kurz bevor sie fest wird, die Götterspeise mit Frischkäse, Zucker, Vanillezucker und Zitronensaft verrühren. Die Sahne mit Sahnesteif steif schlagen und unterheben.

3 Mandarinen in einem Sieb abtropfen lassen. Ein Viertel der Creme auf dem Boden verstreichen und dann mit zwei Drittel der Mandarinen belegen. Restliche Creme daraufgeben und glatt streichen. Mit den restlichen Mandarinen garnieren.

4 Die Torte über Nacht im Kühlschrank fest werden lassen. Zum Servieren Sahne steif schlagen und Tupfen auf die Tortenstücke spritzen. Mit gehackten Nüssen garnieren.

CANTUCCINI-KUCHEN
MIT PFIRSICHEN

FÜR 12 STÜCKE

Für den Boden
200 g Cantuccini
100 g Butter

Für die Creme
200 g Mascarpone
200 g Schmand
150 g Joghurt
75 g Zucker
1 El Mandellikör oder
2 Tropfen Bittermandelaroma
1 Pck. Gelatinepulver
200 g Sahne

Für den Belag
5–6 Pfirsiche und Pfirsichstücke zum Garnieren
gehobelte Mandeln
zerbröselte Cantuccini

TIPP

Den Likör und das Aroma weglassen. Statt Cantuccini Nusskekse für den Boden verwenden und zum Bestreuen ebenfalls Nusskekse oder gehackte Nüsse verwenden.

1 Für den Boden Cantuccini in einen Gefrierbeutel geben, diesen fest verschließen und die Kekse mit einer Teigrolle zerbröseln. Butter zerlassen und mit den Keksbröseln vermengen. Den Boden einer Springform (Ø 26 cm) mit Backpapier belegen und die Cantuccinimasse mit einem Löffel zu einem Boden andrücken. 1 Stunde kalt stellen.

2 Für die Creme Mascarpone, Schmand, Joghurt, Zucker und Likör oder Bittermandelaroma zu einer glatten Masse verrühren. Gelatine nach Packungsanleitung auflösen, 2–3 El Creme darunterrühren und dann die Gelatine schnell unter die Mascarponecreme rühren. Kalt stellen. Sobald die Masse zu gelieren beginnt, die Sahne steif schlagen und unterheben. Von den Pfirsichen die Haut abziehen, entkernen und das Fruchtfleisch in Würfel schneiden.

3 Ein Drittel der Creme glatt auf den Keksboden streichen, Pfirsichwürfel darauf verteilen und die restliche Creme darüberstreichen. Den Rand mit gehobelten Mandeln bestreuen. Im Kühlschrank 4 Stunden fest werden lassen, aus der Form lösen. Vor dem Servieren die Torte mit Pfirsichstücken und zerbröselten Cantuccini garnieren.

APFELTARTE
MAL ANDERS

FÜR 12 STÜCKE

8 Äpfel, z. B. Elstar, Jonagold oder Boskop
4 El Puderzucker
½ Pck. Vanillezucker
1 Tl gemahlener Zimt
100 g Butter
20 Vollkorn-Butterkekse
100 g Zartbitterschokolade
50 g Vollmilchschokolade
1 El Pflanzenöl

Für die Garnitur

50 g Vollmilchschokolade
2 Äpfel
Zimtzucker

TIPP

Auf die noch warme Schokolade bunte Schokostreusel oder Zuckerperlen streuen. Dazu kleine Tiere aus Schaumzucker (z. B. Mäuse) oder auch frische Obstspalten legen. Die Torte anschließend kalt stellen.

1 Die Äpfel schälen, vierteln, entkernen und auf einer Haushaltsreibe grob reiben. Mit Puderzucker, Vanillezucker und Zimt bestäuben und 15 Minuten ziehen lassen. Anschließend die Apfelmasse in eine Pfanne geben und so lange anschwitzen, bis die Flüssigkeit vollständig verdampft ist. Kalt stellen.

2 Butter zerlassen. Butterkekse in einen Gefrierbeutel geben und diesen fest verschließen. Mit der Teigrolle die Kekse zerkleinern. Die Brösel zur Butter geben und gut vermengen. Einen Springformrand (Ø 26 cm) auf eine mit Backpapier oder mit Tortenspitze belegte Tortenplatte setzen und die Masse mit einem Löffel zu einem Boden andrücken. Kalt stellen.

3 Beide Schokoladen grob hacken und mit dem Öl im Wasserbad schmelzen. Die erkaltete Apfelmasse auf den Keksboden geben und glatt streichen. Die Schokomasse darübergießen. Für mindestens 3 Stunden kühl stellen.

4 Vollmilchschokolade im Wasserbad schmelzen, in eine kleine Papiertüte geben und die Torte streifenartig verzieren. Noch einmal 15 Minuten kalt stellen. Den Springformrand lösen. Äpfel schälen, entkernen und in Spalten schneiden. Apfelscheiben in die Mitte der Torte legen und mit etwas Zimtzucker bestreuen.

ROTE
JOHANNISBEERTORTE

FÜR 12 STÜCKE

Für den Boden
250 g Haselnusswaffeln
50 g Butter

Für den Belag
8 Blatt weiße Gelatine
200 g Rote Johannisbeeren
100 ml Rote Johannisbeersaft
50 ml Likör aus Schwarzen Johannisbeeren
50 g Zucker
500 g Vanillejoghurt
400 g Sahne

Für den Guss
1 Pck. roter Tortenguss
30 ml Likör aus Schwarzen Johannisbeeren

Außerdem
einige Johannisbeerrispen zum Verzieren
Puderzucker zum Bestäuben

TIPP

Wer die Torte ohne Alkohol möchte, ersetzt den Likör durch Johannisbeersaft.

1 Für den Boden Waffeln in einen Gefrierbeutel geben und diesen fest verschließen. Mit einer Teigrolle fein zerbröseln. Butter zerlassen und mit den Waffelbröseln vermengen. Einen Springformrand (Ø 26 cm) auf eine mit Backpapier oder mit Tortenspitze belegte Tortenplatte setzen und die Masse mit einem Löffel zu einem Boden andrücken. 1 Stunde kalt stellen.

2 Für den Belag die Gelatine in kaltem Wasser einweichen. Johannisbeeren von den Rispen streifen, vorsichtig abspülen, trocken tupfen. Johannisbeersaft, Likör und Zucker in einem Topf erwärmen. Die Gelatine ausdrücken und darin auflösen. Vanillejoghurt unterrühren und die Masse kalt stellen.
Die Sahne steif schlagen.

3 Sobald die Masse zu gelieren beginnt, zuerst die steif geschlagene Sahne unterheben und dann die Roten Johannisbeeren. Die Creme auf den Bröselboden streichen und in ca. 3 Stunden im Kühlschrank fest werden lassen.

4 Aus Likör und 220 ml Wasser nach Packungsangabe den Guss zubereiten, etwas abkühlen lassen, dann auf der Torte verteilen. Johannisbeerrispen waschen, gut abtrocknen und mit Puderzucker bestäuben. Dekorativ auf dem Guss verteilen und fest werden lassen.

AMARETTINI-KIRSCH-TORTE

FÜR 12 STÜCKE

Für den Boden
200 g Amarettini
125 g Butter

Für den Belag
6 Blatt weiße Gelatine
150 g Crème fraîche
300 g Frischkäse
300 g Vanillejoghurt
75 g Zucker
1 Tl abgeriebene Zitronenschale
4 El Apfelsaft
500 g frische entsteinte Sauerkirschen
250 ml Apfelsaft
1 Pck. roter Tortenguss
2 El Zucker

1 Für den Boden Amarettini in einen Gefrierbeutel geben und diesen fest verschließen. Mit einer Teigrolle fein zerbröseln. Butter zerlassen und mit den Keksbröseln vermengen. Einen Springformrand (Ø 26 cm) auf eine mit Backpapier oder mit Tortenspitze belegte Tortenplatte setzen und die Masse mit einem Löffel zu einem Boden andrücken. 1 Stunde kalt stellen.

2 Für den Belag die Gelatine in kaltem Wasser einweichen. Crème fraîche in eine Rührschüssel geben und Frischkäse, Vanillejoghurt, Zucker, Zitronenschale und Apfelsaft hinzufügen. Die Zutaten gut verrühren. Gelatine ausdrücken und auflösen. Zuerst mit einigen Esslöffeln der Frischkäsemasse verrühren, dann unter die restliche Masse rühren. Die Creme auf den Keksboden geben und gut verteilen. Die Torte 2 Stunden kalt stellen.

3 Anschließend die Kirschen auf der Creme verteilen und aus Saft, Tortenguss und Zucker nach Packungsangabe einen Guss zubereiten. Guss kurz abkühlen lassen und dann auf den Kirschen verteilen. Die Torte wieder in den Kühlschrank stellen, bis der Guss fest geworden ist. Den Springformrand lösen. Nach Belieben mit geschlagener Sahne servieren.

FEINER
HIMBEER-KÄSEKUCHEN

FÜR 12 STÜCKE

Für den Boden
100 g Baiser
100 g dunkle Kuvertüre

Für den Belag
500 g Himbeeren
4 Blatt weiße Gelatine
200 g Frischkäse
400 g Sahne
50 g Zucker
2 El Himbeersaft

Für die Garnitur
100 g Himbeeren
50 g Zucker
1 Pck. roter Tortenguss

TIPP

Für Kinder einen Boden aus 180 g Kokoszwieback (grob zerbröselt) und 200 g Nuss-Nougat (geschmolzen) zubereiten.

1 Für den Boden die Baisers grob zerbröseln und in eine Schüssel geben. Kuvertüre hacken und im heißen Wasserbad schmelzen. Mit den Baiserbröseln mischen. Einen Springformrand (Ø 26 cm) auf eine mit Backpapier oder mit Tortenspitze belegte Tortenplatte setzen und die Masse mit einem Löffel zu einem Boden andrücken. 2 Stunden kalt stellen.

2 Für den Belag Himbeeren verlesen, abspülen, trocken tupfen. Gelatine in kaltem Wasser einweichen. Frischkäse, 100 g Sahne, Zucker und Himbeersaft verrühren. Gelatine ausdrücken und auflösen. Mit 3 El Frischkäsemasse verrühren, dann unter die restliche Frischkäsemasse rühren. Creme kalt stellen. Restliche Sahne steif schlagen und unter die Frischkäsemasse heben, wenn diese zu gelieren beginnt.

3 Himbeeren auf dem Boden verteilen und die Frischkäsemasse darauf verteilen. 2 Stunden kalt stellen. Himbeeren verlesen, abspülen, trocken tupfen, pürieren, durch ein Sieb streichen und den Zucker unterrühren. Mit Wasser auf 250 ml auffüllen und in einen Topf geben. Mit Tortengusspulver einen Guss zubereiten und diesen auf der Torte verstreichen. Nach Belieben mit einer Gabel ein Muster herstellen. Torte 2 Stunden kalt stellen.

PERLENDE

SEKT-SAHNE-TORTE

FÜR 12 STÜCKE

Für den Boden

150 g weiße Kuvertüre
200 g Knuspermüsli

Für den Belag

1 Dose Pfirsiche
(480 g Abtropfgewicht)
200 ml Sekt
1 Pck. Vanillepuddingpulver
50 g Zucker
400 g Sahne
½ Pck. Vanillezucker
1 Pck. Sahnesteif
125 g Schmand

Außerdem

weiße, geschabte Schokolade
zum Garnieren

1 Für den Boden Kuvertüre grob hacken und im Wasserbad schmelzen. Knuspermüsli in einen Gefrierbeutel geben, diesen gut verschließen und das Müsli mit einer Teigrolle zerbröseln. Müslibrösel und Kuvertüre vermengen. Einen Springformrand (Ø 26 cm) auf eine mit Backpapier oder mit Tortenspitze belegte Tortenplatte setzen und die Masse mit einem Löffel zu einem Boden andrücken. 1 Stunde kalt stellen.

2 Für den Belag Pfirsichhälften in einem Sieb abtropfen lassen, 2 Hälften für die Garnitur beiseitelegen. Die Hälfte der restlichen Aprikosenhälften in kleine Würfel schneiden, die andere Hälfte pürieren. Das Püree mit Sekt auf 400 ml ergänzen, evtl. mit Wasser auffüllen.

3 Puddingpulver mit Zucker mischen und nach und nach mit 6 El der Püree-Sekt-Mischung glatt rühren. Die restliche Püree-Sekt-Mischung aufkochen, von der Kochstelle nehmen und das angerührte Pulver mit einem Schneebesen einrühren. Den Pudding unter ständigem Rühren kurz aufkochen lassen und die Aprikosenwürfel unterheben. Den Pudding erkalten lassen, gelegentlich umrühren.

4 Sahne mit Vanillezucker und Sahnesteif steif schlagen. Schmand unterrühren. Den Pudding kurz durchrühren, dann auf dem Boden verstreichen. Anschließend die Sahne darauf verteilen und mit einem Löffel wellenartig verstreichen. Restliche Pfirsichhälften in Spalten schneiden und die Torte dekorativ damit belegen. Mit der Schokolade bestreuen und die Torte 3 Stunden kalt stellen.

FRUCHTIGER MANGO-QUARK-KUCHEN

FÜR 12 STÜCKE

Für den Boden
200 g Löffelbiskuits

Für den Belag
400 g Mangofruchtfleisch
12 Blatt weiße Gelatine
500 g Magerquark
6 El Zucker
450 ml Mango-Maracujasaft
300 g Sahne
1 Pck. klarer Tortenguss

Außerdem
geschlagene Sahne und
Mangostücke zum Verzieren

1 Für den Boden Löffelbiskuits auf den Boden einer Springform (ø 26 cm) legen und den Springformrand darumstellen.

2 Für den Belag Mango in kleine Würfel schneiden und Gelatine in kaltem Wasser einweichen. Quark in eine Rührschüssel geben und mit 4 El vom Zucker und 250 ml vom Saft zu einer glatten Creme verrühren. Gelatine ausdrücken und auflösen. Gelatine mit 3 El der Quarkcreme verrühren, dann unter die restliche Creme rühren. Die Creme 20 Minuten kalt stellen. Sahne steif schlagen. Beginnt die Creme zu gelieren, Sahne unterziehen.

3 Mango auf dem Boden verteilen und die Creme daraufgeben. 4–5 Stunden kalt stellen. Aus restlichem Zucker, Tortenguss und restlichem Saft einen Guss zubereiten und auf der Torte verteilen. Weitere 2 Stunden kalt stellen. Vor dem Servieren jeweils einen Tupfen Sahne auf die Stücke spritzen und mit einem Stück Mango belegen.

BANANEN-WUNDER
MIT GELEEBANANEN

FÜR 12 STÜCKE

Für den Boden
175 g Knuspermüsli
100 g Butter

Für den Belag
8 Blatt weiße Gelatine
500 g Bananenjoghurt
50 g Zucker
100 g Sahne
400 g Bananenfruchtfleisch

Für die Garnitur
150 g Sahne
1 Tl Kakaopulver
6 Geleebananen

TIPP

Alternativ die Torte kleckweise mit Sauerkirschkonfitüre und halbierten Waffelröllchen garnieren.

1 Für den Boden Müsli in einen Gefrierbeutel geben und diesen fest verschließen. Mit einer Teigrolle fein zerbröseln. Butter zerlassen und mit Müslibröseln vermengen. Einen Springformrand (Ø 26 cm) auf eine mit Backpapier oder mit Tortenspitze belegte Tortenplatte setzen und die Masse mit einem Löffel zu einem Boden andrücken. 1 Stunde kalt stellen.

2 Für den Belag Gelatine nach Packungsanleitung einweichen. Joghurt und Zucker in eine Rührschüssel geben und verrühren. Gelatine leicht ausdrücken, in einem kleinen Topf auflösen und zunächst mit 3 El Joghurt verrühren, dann unter den restlichen Joghurt rühren. Die Sahne steif schlagen und unterheben.

3 Die Bananen in Scheiben schneiden und auf dem Boden verteilen. Die Creme daraufgeben und glatt verstreichen. Die Torte 4 Stunden kalt stellen.

4 Den Springformrand lösen. Vor dem Servieren Sahne steif schlagen und den Kakao unterrühren. Jeweils einen Tupfen auf die Tortenstücke spritzen und mit je einer halben Geleebanane verzieren. Mit Kakao bestäuben.

TIRAMISU-
HIMBEER-TORTE

FÜR 12 STÜCKE

Für die Creme
6 Blatt weiße Gelatine
400 g Himbeeren
500 g Mascarpone
200 g saure Sahne
75 ml Himbeersaft
75 g Zucker
1 Tl geriebene Zitronenschale
50 ml Zitronensaft
200 g Sahne

Für den Boden
250 g Löffelbiskuits
50 ml Himbeersaft
2 El Himbeerlikör

TIPP

Bereiten Sie die Torte ohne Alkohol zu und statt mit Himbeeren mit Mandarinen und Mandarinensaft oder mit Mango und Maracujasaft. Die Torte zusätzlich mit Zimtzucker bestreuen.

1 Die Gelatine nach Packungsanleitung in kaltem Wasser einweichen. Himbeeren verlesen, waschen und trocken tupfen. Mascarpone in eine Rührschüssel geben. Saure Sahne, Saft, Zucker, Zitronenschale und Zitronensaft hinzufügen und die Zutaten gut verrühren.

2 Gelatine leicht ausdrücken und auflösen. Zunächst mit etwas von der Mascarponemasse verrühren, dann unter die restliche Masse rühren. Sahne steif schlagen und unterheben. Zwei Drittel der Himbeeren vorsichtig untermengen.

3 Auf eine Tortenplatte einen Backrahmen (20 × 24 cm) stellen. Den Boden mit Löffelbiskuits mit der Zuckerseite nach oben auslegen und mit der Hälfte des Himbeersaftes und 1 El Likör tränken. Einige Himbeeren darauf verteilen und vorsichtig mit der Hälfte der Creme bestreichen. Wieder mit Löffelbiskuits belegen und mit dem restlichen Saft und dem restlichen Likör tränken. Restliche Creme darauf verstreichen und die Torte 4 Stunden kalt stellen.

4 Den Backrahmen vorsichtig entfernen. Torte mit den restlichen Himbeeren garnieren.

WINTER-
TRÄUME

KÜHLSCHRANKTORTEN PASSEN NICHT IN DIE KALTE JAHRESZEIT? GANZ IM GEGENTEIL! WINTERLICHE GEWÜRZE, ZITRUSAROMEN UND WEIHNACHTLICHES DEKOR STEIGERN DIE VORFREUDE AUF DIE FESTTAGE UND BIETEN ERFRISCHENDE ABWECHSLUNG ZU GLÜHWEIN UND GEBÄCK.

MARZIPAN-SCHNITTEN
MIT NEKTARINEN

FÜR 16 STÜCKE

Für den Boden
200 g Löffelbiskuits
100 g Marzipanrohmasse
150 g Butter

Für den Belag
6 Blatt weiße Gelatine
500 g Vanillejoghurt
125 g feiner Zucker
1 El Zitronensaft
5 Nektarinen
250 g Sahne

Außerdem
Kakaopulver zum Bestäuben

TIPP

Für den Belag statt Vanillejoghurt Bananenjoghurt und Bananenscheiben verwenden.

1 Löffelbiskuits in einen Gefrierbeutel geben, diesen fest verschließen und die Kekse mit einem Teigroller zerkleinern. Marzipan in kleine Stücke schneiden und in eine Schüssel geben. Butter zerlassen und nach und nach unter das Marzipan rühren. Keksbrösel untermengen.

2 Einen Backrahmen (24 × 24 cm) auf eine mit Backpapier belegte Tortenplatte legen und die Bröselmasse zu einem Boden andrücken. Den Boden 1 Stunde kalt stellen.

3 Für den Belag Gelatine in kaltem Wasser einweichen. Joghurt, 100 g Zucker und Zitronensaft in einer Schüssel verrühren. 4 Nektarinen schälen, halbieren und Steine entfernen. Jede Frucht in 12 Spalten schneiden. 50 ml Wasser und restlichen Zucker in einer kleinen Pfanne erhitzen und die Nektarinen darin kurz schwenken. Auf Küchenpapier abtropfen lassen. Sud beiseitestellen.

4 Gelatine ausdrücken, auflösen und erst mit etwas Joghurtmasse verrühren, dann das Ganze unter die restliche Joghurtmasse rühren. Kalt stellen, bis der Joghurt zu gelieren beginnt.

5 Nektarinenspalten auf dem Boden verteilen. Sahne steif schlagen und unter den Joghurt heben. Creme auf den Nektarinen verteilen und mindestens 2 Stunden kalt stellen. Dann den Backrahmen vorsichtig lösen und den Kuchen in Stücke schneiden. Restliche Nektarine in dünne Spalten schneiden. Sud erhitzen. Nektarinenspalten kurz darin schwenken und in einem Sieb abtropfen lassen. Die Kuchenstücke mit den Nektarinenspalten verzieren und mit Kakaopulver bestäuben.

FEINE
ANANAS-MANDEL-TORTE

FÜR 12 STÜCKE

Für den Boden
150 g Mandelgebäck
100 g nicht abgezogene, gemahlene Mandeln
100 g Butter

Für den Belag
1 Dose Ananasringe (850 g)
7 Blatt weiße Gelatine
400 g Magerquark
100 g Zucker
200 g cremige Kokosmilch
1 El Kokoslikör
1 Tl Limettenschale
2 El Limettensaft
5 El Apfelsaft
400 g Schlagsahne

Außerdem
frische Kokosraspel
Schokostreusel zum Bestreuen

TIPP

Den Kokoslikör weglassen, stattdessen 3 El Limettensaft verwenden. Für die Garnitur aus Ananassaft und klarem Tortenguss einen Guss zubereiten und die Creme damit bestreichen. Kalt stellen und vor dem Servieren mit Ananas und Kokosraspel verzieren.

1 Für den Boden Kekse in einen Gefrierbeutel geben und diesen fest verschließen. Mit einer Teigrolle fein zerbröseln. Mit den Mandeln in eine Schüssel geben. Butter zerlassen und mit Keksbröseln und Mandeln vermengen. Einen Springformrand (Ø 26 cm) auf eine mit Backpapier oder mit Tortenspitze belegte Tortenplatte setzen und die Masse mit einem Löffel zu einem Boden andrücken. 1 Stunde kalt stellen.

2 Ananas in einem Sieb abtropfen lassen, dabei den Saft auffangen. Gelatine im Saft einweichen. Quark, Zucker, Kokosmilch, Likör, Limettenschale und Limettensaft in eine Schüssel geben und glatt verrühren. Gelatine in 5 El Apfelsaft auflösen. Etwas von der Quarkmasse in die flüssige Gelatine rühren, dann unter die restliche Quarkmasse rühren. Die Creme 1 Stunde kalt stellen.

3 Ananas in kleine Stücke schneiden. Einige Stücke für die Garnitur beiseitelegen. Sahne steif schlagen, kalte Quarkmasse gut durchrühren. Erst die Ananasstücke, dann die Sahne vorsichtig unter die Quarkmasse heben. Auf dem Boden verstreichen und 6 Stunden kalt stellen.

4 Torte mit Ananasstückchen, geschabter Kokosnuss und Schokostreuseln garnieren.

AMARETTINI-TORTE
MIT ROTER GRÜTZE

FÜR 12 STÜCKE

Für den Boden
200 g Amarettini
75 g Butter

Für den Belag
250 g Rote Grütze aus dem Kühlregal
4 Blatt weiße Gelatine
250 g Mascarpone
2 Pck. Instant-Cappucinopulver
50 g Zucker
1 Pck. Vanillezucker
400 g Sahne

Außerdem
Cappuccinopulver zum Bestäuben (nach Belieben)

TIPP

Die Rote Grütze mit Früchten des Geschmacks selbst zubereiten! Schmeckt auch mit grüner Grütze aus Stachelbeeren, Kiwi und Bananen.

1 Amarettini in einen Gefrierbeutel geben und diesen fest verschließen. Mit einer Teigrolle die Kekse zerbröseln und die Brösel in eine Schüssel geben. Butter zerlassen und mit den Bröseln vermengen. Boden und Rand einer Springform (Ø 26 cm) mit Backpapier auslegen und die Bröselmasse mit einem Löffel als Boden und kleinen Rand andrücken. Kalt stellen.

2 Für den Belag zwei Drittel der Roten Grütze auf dem Boden verstreichen. Gelatine nach Packungsanleitung in kaltem Wasser einweichen. Mascarpone mit Cappucinopulver, Zucker und Vanillezucker in eine Rührschüssel geben und verrühren.

3 Gelatine leicht ausdrücken, bei schwacher Hitze auflösen und mit etwas von der Mascarponecreme verrühren, dann unter die restliche Creme rühren. Sahne steif schlagen und unterheben. Die Creme auf dem Boden verstreichen. Restliche Rote Grütze in Klecksen daraufgeben. Die Torte 3 Stunden kalt stellen. Die Torte aus der Form lösen. Vor dem Servieren nach Belieben mit Cappucinopulver bestäuben.

ZARTE

NUSS-ORANGEN-TORTE

FÜR 12 STÜCKE

Für den Boden
150 g Haselnüsse
100 g Nusskekse
100 g Butter
25 g Zucker

Für den Belag
6 Blatt weiße Gelatine
400 g Frischkäse
400 g Schmand
100 g Puderzucker
abgeriebene Schale von
1 unbehandelten Orange
5 El Orangensaft

Außerdem
Zimtpulver zum Bestäuben
Nusskekse

1 Haselnüsse in einer Pfanne ohne Fett leicht rösten, erkalten lassen. Einige für die Garnitur beiseitelegen, die restlichen Nüsse fein hacken.

2 Für den Boden Nusskekse in einen Gefrierbeutel geben und diesen fest verschließen. Mit einer Teigrolle fein zerbröseln. Butter zerlassen und mit Keksbröseln und Zucker vermengen. Das Ganze gleichmäßig auf dem Boden einer Springform (Ø 26 cm) verteilen und andrücken. 1 Stunde kalt stellen.

3 Für den Belag Gelatine in kaltem Wasser einweichen. Frischkäse, Schmand, Puderzucker, Orangenschale und Orangensaft zu einer glatten Masse verrühren. Gelatine ausdrücken und auflösen. Mit einigen Esslöffeln der Creme verrühren, dann unter die restliche Creme rühren. Torte 2–3 Stunden kalt stellen. Die Creme auf dem Boden verstreichen und die Torte mit den beiseitegelegten Nüssen bestreuen und mit Zimtpulver bestäuben. Nach Belieben mit halben Nusskeksen verzieren.

SPEKULATIUS-TRAUM
MIT BROMBEEREN

FÜR 12 STÜCKE

Für den Boden
150 g Spekulatius
100 g gemahlene Haselnüsse
100 g Butter

Für den Belag
250 g TK-Brombeeren
100 g Haselnusskerne
6 Blatt weiße Gelatine
100 g Zartbitterschokolade
400 g Sahne
400 g Frischkäse
150 g Joghurt
75 g flüssiger Honig
1 Pck. Vanillezucker

Außerdem
geschlagene Sahne, Brombeeren und ½ Spekulatius zum Garnieren

1 Für den Boden Spekulatius in einen Gefrierbeutel geben und diesen fest verschließen. Mit einer Teigrolle fein zerbröseln. Die Brösel mit den gemahlenen Haselnüssen mischen. Butter zerlassen und mit den Keksbröseln und Nüssen gut vermengen. Das Ganze gleichmäßig auf dem Boden einer Springform (Ø 26 cm) verteilen und andrücken. 1 Stunde kalt stellen.

2 Für den Belag Brombeeren auftauen und abtropfen lassen. Haselnüsse grob hacken, in einer Pfanne ohne Fett rösten und abkühlen lassen. Gelatine in kaltem Wasser einweichen. Schokolade grob hacken und Sahne steif schlagen.

3 Frischkäse, Joghurt, Honig und Vanillezucker in eine Rührschüssel geben und verrühren. Gelatine ausdrücken und auflösen. 2 El Frischkäsecreme in die Gelatine rühren, dann unter die übrige Creme rühren. Erst Sahne, dann geröstete Haselnüsse und gehackte Schokolade unterheben. Brombeeren auf dem Boden verteilen und die Creme wellenartig auf den Boden streichen. 4 Stunden kalt stellen. Die Torte aus der Form lösen, dann mit Sahnetupfen verzieren, jeweils eine Brombeere hineindrücken, einen Keks anlegen oder zerbröselte Kekse aufstreuen.

MANGO-KOKOS-
VERSUCHUNG

FÜR 12 STÜCKE

Für den Boden
225 g Kokos-Zwieback
125 g Butter

Für den Belag
1 Pck. Götterspeise „Zitronengeschmack"
125 g Zucker
200 g Frischkäse
1 Pck. Vanillezucker
4 El Zitronensaft
2 El Kokoslikör
500 g Mangofruchtfleisch
300 g Sahne

Außerdem
Mangospalten und geröstete Kokosraspel zum Garnieren

1 Zwieback in einen Gefrierbeutel geben und diesen fest verschließen. Mit einer Teigrolle fein zerbröseln. Butter zerlassen und mit den Zwiebackbröseln vermengen. Einen Springformrand (Ø 26 cm) auf eine mit Backpapier oder mit Tortenspitze belegte Tortenplatte setzen und die Masse mit einem Löffel zu einem Boden andrücken. Den Boden mindestens 1 Stunde kalt stellen.

2 Für den Belag Götterspeisenpulver, 50 g Zucker und 250 ml kaltes Wasser in einem Topf verrühren und unter Rühren erhitzen (nicht kochen). In eine Schüssel füllen und erkalten lassen. Restlichen Zucker, Frischkäse, Vanillezucker, Zitronensaft und Likör in einer Schüssel verrühren. Mango in kleine Würfel schneiden und die Sahne steif schlagen. Wenn die Götterspeise zu gelieren beginnt, erst den Frischkäse, dann die Sahne unterrühren.

3 Ein gutes Drittel der Creme auf den Boden geben und glatt verstreichen, Mangowürfel darauf verteilen und mit der restlichen Creme verstreichen. Mit Mangospalten belegen und die Torte 3 Stunden kalt stellen. Aus der Form lösen und vor dem Servieren mit gerösteten Kokosraspel bestreuen.

MARZIPAN-MASCARPONE-GENUSS

FÜR 12 STÜCKE

Für den Boden
200 g Löffelbiskuits
100 g Marzipanrohmasse
500 g Puderzucker

Für den Belag
8 Blatt weiße Gelatine
1 Glas Aprikosenhälften (Abtropfgewicht 310 g)
200 ml Aprikosensaft
200 g Sahne
500 g Mascarpone
75 g Zucker

Für die Garnitur
100 g Marzipanrohmasse
25 g Puderzucker
aufgelöste dunkle Schokolade
200 ml Schlagsahne
Kakaopulver zum Bestäuben

1 Für den Boden Löffelbiskuits auf den Boden einer Springform (Ø 26 cm) legen und den Springformrand darumstellen. Marzipan fein würfeln und mit Puderzucker vermengen. Ausrollen und auf die Biskuits legen.

2 Für den Belag Gelatine in kaltem Wasser einweichen, Aprikosen in ein Sieb geben und abtropfen lassen, dabei den Saft auffangen (ggf. mit Wasser auf 200 ml auffüllen). Sahne steif schlagen. Saft mit Mascarpone und Zucker in einer Schüssel verrühren. Gelatine leicht ausdrücken und auflösen. Mit etwas von der Mascarponemasse verrühren, dann alles unter die restliche Masse rühren. Sahne unterheben.

3 Aprikosen in Würfel schneiden und unter die Mascarpone-Sahne-Masse heben. Die Creme auf dem Boden glatt verstreichen und 4 Stunden kalt stellen.

4 Den Springformrand lösen. Marzipanrohmasse mit Puderzucker verkneten und ausrollen. Je nach Anlass Motive mit Ausstechformen ausstechen, mit der aufgelösten Schokolade verzieren, trocknen lassen und die Torte damit verzieren. Sahne aufschlagen und pro Stück jeweils einen Tupfen auf die Torte spritzen. Mit Kakaopulver bestäuben.

FESTLICHE

ZIMT-MANDEL-TORTE

FÜR 12 STÜCKE

Für den Boden
200 g Gewürzkekse,
z. B. braune Plätzchen
100 g Butter

Für den Belag
6 Blatt weiße Gelatine
250 g Quark
500 g Mascarpone
200 g Zucker
1 El gemahlener Zimt
4 El flüssiger Honig
250 g Sahne

Außerdem
200 g Sahne, gemahlener Zimt und 3 El geröstete Mandelstifte zum Garnieren

TIPP

Für Kinder einen Boden aus 100 g geschmolzener weißer Kuvertüre und 80 g buntem Knusper-Puffreis zubereiten. Die Torte statt mit Mandelstiften mit Puffreis verzieren.

1 Für den Boden Kekse in einen Gefrierbeutel geben und diesen fest verschließen. Mit einer Teigrolle fein zerbröseln. Butter zerlassen und mit den Bröseln vermengen. Das Ganze gleichmäßig auf dem Boden einer Springform (Ø 26 cm) verteilen und andrücken. 1 Stunde kalt stellen.

2 Für den Belag die Gelatine in kaltem Wasser einweichen. Mascarpone, Quark und Zucker in eine Rührschüssel geben und zu einer glatten Creme verrühren. Zimt und Honig unterrühren. Gelatine ausdrücken und auflösen. Mit 3 El der Mascarponecreme verrühren, dann alles unter die restliche Mascarponecreme verrühren. Sahne steif schlagen und unterziehen. Die Creme auf dem Boden verteilen und 6 Stunden kalt stellen.

3 Zum Garnieren die Sahne steif schlagen und als Tupfen an den Tortenrand setzen. 3 oder 4 Ausstechförmchen (Stern, Glocke usw.) in die Mitte legen und mit Zimt bestäuben. Förmchen vorsichtig abnehmen. Springformrand lösen und den Rand mit Mandeln bestreuen.

LEBKUCHENTORTE
MIT PFLAUMEN

FÜR 12 STÜCKE

Für den Boden
125 g Butterkekse
125 g Butter
1 Tl Lebkuchengewürz

Für den Belag
1 Glas Pflaumen
(Abtropfgewicht 385 g)
8 Blatt weiße Gelatine
500 g Mascarpone
200 g Schmand
75 g Zucker
1 Tl Lebkuchengewürz
400 g Sahne

Außerdem
Zimtpulver zum Garnieren

1 Für den Boden Kekse in einen Gefrierbeutel geben und diesen fest verschließen. Mit einer Teigrolle fein zerbröseln. Butter zerlassen und mit den Keksbröseln und Lebkuchengewürz vermengen. Das Ganze gleichmäßig auf dem Boden einer Springform (Ø 26 cm) verteilen und andrücken. 1–2 Stunden kalt stellen.

2 Für den Belag Pflaumen in einem Sieb abtropfen lassen und auf den Boden legen. Gelatine in kaltem Wasser einweichen. Mascarpone mit Schmand, Zucker und Lebkuchengewürz in einer Schüssel verrühren. Sahne steif schlagen. Gelatine ausdrücken und auflösen. Mit 3 El Mascarponecreme verrühren, dann unter die restliche Creme rühren. Sahne unterheben und die Creme auf den Pflaumen verstreichen.
Die Torte 4 Stunden kalt stellen.

3 Die Torte aus der Form lösen. Vor dem Servieren mit Zimt bestäuben.

HAFERFLOCKEN-CAKE
MIT APFELMUSCREME

FÜR 12 STÜCKE

Für den Boden
75 g Butter
100 g Zucker
100 g kernige Haferflocken
100 g gehobelte Haselnüsse
100 g Sahne

Für den Belag
12 Blatt weiße Gelatine
1 kleines Glas Apfelmus (350 g)
750 g Quark
100 g Zucker
½ Tl gemahlener Zimt
300 g Sahne

Außerdem
Öl für die Form
ganze Haselnüsse zum Garnieren
geröstete kernige Haferflocken (nach Belieben)

TIPP

Die Torte schmeckt mit jedem anderen Fruchtpüree, dann bei den Nüssen ganz nach Geschmack variieren oder Mandeln verwenden.

1 Für den Boden Butter mit Zucker und Haferflocken in einer Pfanne erhitzen und so lange rühren, bis die Masse leicht gebräunt ist. Haselnüsse unterrühren. Sahne zugeben und das Ganze einige Minuten erhitzen, bis die Sahne eine dickliche Konsistenz bekommt. Den Boden einer Springform (Ø 26 cm) mit Alufolie auslegen und mit wenig Öl bestreichen. Die Masse daraufgeben und mit einem Löffel zu einem Boden andrücken. 30 Minuten kalt stellen. Ist der Boden fest geworden, wird er aus der Form gelöst und auf eine Tortenplatte gelegt. Den Springformrand darumstellen.

2 Für den Belag Gelatine nach Packungsanleitung in kaltem Wasser einweichen. Knapp die Hälfte des Apfelmuses mit Quark und Zucker in eine Schüssel geben und verrühren. Gelatine ausdrücken und auflösen, dann mit etwas von der Quarkmasse verrühren und unter die restliche Quark-Apfelmus-Masse rühren. Sahne steif schlagen und unterziehen.

3 Den Belag auf den Boden geben und glatt streichen. Restliches Apfelmus kleckseweise daraufgeben und mit einer Gabel durch die Oberfläche ziehen, damit ein Muster entsteht. Den äußeren oberen Rand mit den ganzen Haselnüssen verzieren und nach Belieben mit Haferflocken bestreuen. Die Torte kalt stellen.

NUSS-NOUGAT-TORTE
MIT KIRSCHEN

FÜR 12 STÜCKE

Für den Boden
300 g Löffelbiskuits
80 g Butter

Für den Belag
400 g Nuss-Nougat-Creme
400 g Kirschen aus dem Glas
500 g Sahne
2 Pck. Sahnesteif
500 g Schmand

Außerdem
geschmolzene weiße und Zartbitterschokolade zum Garnieren

1 Für den Boden Löffelbiskuits in einen Gefrierbeutel geben und diesen fest verschließen. Mit einer Teigrolle fein zerbröseln. Butter zerlassen und mit den Keksbröseln vermengen. 3 El von der Nuss-Nougat-Creme unterrühren. Einen Springformrand (Ø 26 cm) auf eine mit Backpapier oder mit Tortenspitze belegte Tortenplatte setzen und die Masse mit einem Löffel zu einem Boden andrücken. 1 Stunde kalt stellen.

2 Für den Belag die Kirschen abtropfen lassen. Sahne mit Sahnesteif steif schlagen, restliche Nuss-Nougat-Creme mit dem Schmand verrühren und die Sahne unterheben. Die Kirschen auf dem gekühlten Tortenboden verteilen, die Nuss-Nougat-Sahne darüberstreichen, die Torte gitterartig mit den beiden Schokoladensorten verzieren und für 5 Stunden in den Kühlschrank stellen.

TIPP

Die Torte ist bei Kindern gern gesehen. Noch schöner sieht sie aus, wenn sie mit bunten Dragees oder Schokostreuseln verziert wird.

ANANAS-TRAUM
MIT RUM

FÜR 12 STÜCKE

Für den Boden
175 g Schokoladenkekse
25 g Kokosraspel
75 g Butter

Für den Belag
12 Blatt weiße Gelatine
200 g Ananasstücke aus der Dose
200 ml Ananassaft
50 ml weißer Rum
1 Dose ungesüßte Kokosmilch
50 g Kokosraspel
300 g Vollmilchjoghurt
40 g Zucker
400 g Sahne

Außerdem
Ananasstücke und Kokoschips
zum Garnieren

1 Für den Boden Kekse in einen Gefrierbeutel geben und diesen fest verschließen. Mit einer Teigrolle fein zerbröseln. Die Brösel mit Kokosraspeln mischen. Butter zerlassen und mit den Keksbröseln und Kokosraspeln vermengen. Das Ganze gleichmäßig auf dem Boden einer Springform (Ø 26 cm) verteilen und andrücken. 1–2 Stunden kalt stellen.

2 Für den Belag die Gelatine in kaltem Wasser einweichen. Ananas in ein Sieb geben und abtropfen lassen. Den Saft auffangen und gegebenenfalls mit Wasser auffüllen, wenn noch keine 200 ml erreicht sind. Ananasstücke auf dem Boden verteilen und diesen wieder kalt stellen. Gelatine ausdrücken und auflösen. Mit Saft, Rum und Kokosmilch verrühren. Kokosraspel mit Joghurt in eine Schüssel geben und glatt rühren. Gelatinemischung unterrühren und mit Zucker süßen. Kalt stellen. Sahne steif schlagen.

3 Beginnt die Creme zu gelieren, die Sahne unterheben. Die Creme auf den Ananasstücken verstreichen und mit Ananas und Kokoschips garnieren. 4 Stunden kalt stellen.

TIPP

Statt Rum zusätzlich Ananassaft verwenden und die Torte statt mit Kokoschips mit Kokos-Marshmallows garnieren.

KAFFEETORTE
MIT PUMPERNICKEL

FÜR 8 STÜCKE

Für den Boden
150 g Pumpernickel
50 g gemahlene Walnüsse
100 g Zartbitterschokolade

Für den Belag
100 g Mokkaschokolade
250 g Kirschen aus dem Glas
6 Blatt weiße Gelatine
450 g Frischkäse
200 g Schmand
75 g Zucker
2 El Instant-Kaffeepulver
200 g Sahne

1 Für den Boden Pumpernickel fein zerbröseln und mit den Nüssen in einer Schüssel mischen. Schokolade in Stücke brechen und im heißen Wasserbad schmelzen. Zu den Bröseln geben und gut verrühren. Einen Springformrand (Ø 22 cm) auf eine mit Backpapier oder mit Tortenspitze belegte Tortenplatte setzen und die Masse mit einem Löffel zu einem Boden andrücken. 1 Stunde kalt stellen.

2 Für den Belag Schokolade fein reiben, Kirschen in einem Sieb abtropfen lassen und Gelatine in kaltem Wasser einweichen. Frischkäse, Schmand und Zucker in einer Schüssel glatt rühren, das Kaffeepulver in 2 El Sahne auflösen und unterrühren. Restliche Sahne steif schlagen. Gelatine ausdrücken und auflösen. Mit 3 El Frischkäsemasse verrühren, dann unter die restliche Masse ziehen. Zwei Drittel der geriebenen Schokolade und die Sahne unterheben.

3 Einige Kirschen für die Garnitur beiseitelegen, restliche Kirschen auf dem Boden verteilen und mit der Creme bestreichen. Mit restlichen Schokoladenraspeln und Kirschen garnieren und 2–3 Stunden kalt stellen.

TIPP

Schmeckt auch gut mit Mandarinen oder Ananas!

HIMMLISCH SCHOKOLADIG

FÜR WAHRE SCHOKO-FANS IST DIE ZARTSCHMELZENDE KÖSTLICHKEIT IN JEGLICHER FORM EIN GENUSS. OB LUFTIGE CREMES, KNUSPRIGE BÖDEN ODER FRUCHTIG-SÜSSE FÜLLUNGEN MIT OBST UND SCHOKOLADE, HIER FINDET JEDER SCHOKOHOLIC NEUE LIEBLINGSTORTEN.

SCHOKO-BUTTERKEKSKUCHEN

FÜR 15 STÜCKE

150 g Zartbitterkuvertüre
450 g Vollmilchkuvertüre
150 g Kokosfett
200 g Sahne
1 Pck. Vanillezucker
einige Tropfen Rumaroma oder 1 Tl Rum (nach Belieben)
250–300 g Butterkekse (rechteckige)

Außerdem
Butter für die Form

TIPP

Essen nur Kinder den Kuchen, Rumaroma oder Rum weglassen und den Kuchen mit bunten Schokoperlen verzieren, bevor dieser gekühlt wird.

1 Eine Kastenform (30 cm Länge) mit Butter fetten und gut mit fester Frischhaltefolie auslegen. Folie über den Rand hängen lassen.

2 Beide Kuvertüren grob hacken, Kokosfett klein schneiden, alles zusammen mit der Sahne in einem Topf schmelzen und gut verrühren. Vanillezucker und nach Belieben Rum oder Rumaroma unterrühren.

3 Die Kastenform mit einer Schicht Butterkeksen auslegen, Kekse dafür evtl. zerbrechen. Schokoladencreme auf die Keksschicht streichen. Abwechselnd Schokoladencreme und Kekse in die Kastenform einschichten. Die letzte Schicht besteht aus Schokolade.

4 Die Kastenform mit Frischhaltefolie abdecken und über Nacht in den Kühlschrank stellen. In Scheiben schneiden und servieren.

BUTTERCREMETORTE
MIT WALNÜSSEN

FÜR 12 STÜCKE

Für den Boden
200 g Butterkekse
150 g Butter
100 g weiße Schokolade
100 g gehackte Walnüsse
2 El Himbeerlikör

Für den Belag
½ Pck. Schokoladenpuddingpulver
40 g Zucker
250 ml Milch
125 g weiche Butter
4 El Schwarzes Johannisbeergelee

Außerdem
Walnusshälften und geschabte Schokolade zum Garnieren
geschlagene Sahne (nach Belieben)

1 Für den Boden Butterkekse in einen Gefrierbeutel geben und diesen fest verschließen. Mit einer Teigrolle fein zerbröseln. Butter zerlassen, Schokolade im heißen Wasserbad schmelzen. Alle Zutaten für den Boden vermengen. Einen Springformrand (ø 26 cm) auf eine mit Backpapier oder mit Tortenspitze belegte Tortenplatte setzen und die Masse mit einem Löffel zu einem Boden andrücken. 1 Stunde kalt stellen.

2 Für den Belag aus Puddingpulver, Zucker und Milch einen Pudding zubereiten. Den Pudding erkalten lassen und dabei hin und wieder umrühren. Die Butter in eine Rührschüssel geben und geschmeidig rühren. Den erkalteten Pudding esslöffelweise daruntergeben, dabei darauf achten, dass Butter und Pudding Zimmertemperatur haben, da die Buttercreme sonst gerinnt.

3 Den Boden mit Johannisbeergelee bestreichen. Anschließend drei Viertel der Buttercreme daraufgeben und glatt verstreichen. Restliche Buttercreme in einen Spritzbeutel füllen und die Torte mit Tupfen garnieren. Jeweils eine Walnusshälfte darauflegen und mit geschabter Schokolade garnieren. Die Torte kalt stellen.

SCHOKO-BIRNEN-TORTE

MIT SAHNEHÄUBCHEN

FÜR 12 STÜCKE

Für den Boden
150 g Cantuccini
100 g Butter

Für den Belag
1 Dose Birnenhälften (820 g)
500 ml Milch
2 Pck. Schokoladenpuddingpulver (ohne Kochen)

Außerdem
150 g geschlagene Sahne, Birnenspalten und Walnusshälften zum Garnieren

1 Für den Boden Cantuccini in einen Gefrierbeutel geben und diesen fest verschließen. Mit einer Teigrolle fein zerbröseln. Butter zerlassen und mit den Keksbröseln vermengen. Einen Springformrand (Ø 26 cm) auf eine mit Backpapier oder mit Tortenspitze belegte Tortenplatte setzen und die Masse mit einem Löffel zu einem Boden andrücken. 1 Stunde kalt stellen.

2 Für den Belag Birnen in einem Sieb gut abtropfen lassen. Einige zum Garnieren beiseitelegen. Restliche Birnen mit der Wölbung nach oben auf dem Bröselboden verteilen. Aus Milch und Puddingpulver nach Packungsangabe eine Creme zubereiten und auf den Birnen verstreichen. Die Torte 3–4 Stunden kalt stellen.

3 Den Springformrand lösen, auf jedes Tortenstück einen Sahnetupfer geben und die Torte mit Birnenspalten und Walnüssen garnieren.

WALNUSSTORTE
MIT SCHOKOCREME

FÜR 12 STÜCKE

Für den Boden
200 g Butterkekse
100 g grob gehackte Walnüsse
100 g weiße Schokolade

Für den Belag
700 g Sahne
250 g Vollmilchschokolade
100 g gehackte Walnüsse

Außerdem
3 El gemahlene Walnüsse und
Walnusshälften zum Garnieren

TIPP

Marzipanrohmasse mit Puderzucker verkneten, das Ganze ½ cm dick ausrollen und Motive ausstechen. Statt mit Walnusshälften die Torte mit Marzipanmotiven verzieren.

1 Für den Boden Butterkekse in einen Gefrierbeutel geben und diesen fest verschließen. Mit einer Teigrolle fein zerbröseln. Brösel mit Nüssen mischen. Schokolade in Stücke brechen und im heißen Wasserbad schmelzen, dann mit dem Keksbrösel-Nuss-Gemisch vermengen. Das Ganze gleichmäßig auf dem Boden einer Springform (Ø 26 cm) verteilen und andrücken. 1–2 Stunden kalt stellen.

2 Für den Belag 600 g Sahne steif schlagen. Restliche Sahne in einem Topf erwärmen, Schokolade in Stücke brechen und darin schmelzen lassen. Etwas abkühlen lassen, dann 5 El von der geschlagenen Sahne zugeben und unterrühren. Das Ganze vorsichtig unter die restliche geschlagene Sahne rühren und Walnüsse unterheben.

3 Die Creme auf dem Boden glatt streichen, die Torte mit Walnusshälften und halbierten Butterkeksen verzieren und die gemahlenen Walnüsse in die Mitte streuen. Torte 5–6 Stunden kalt stellen.

PUFFREIS-KUCHEN
MIT VANILLEPUDDING

FÜR 16 STÜCKE

Für den Boden
400 g Schoko-Puffreis-Quadrate (Nippon)

Für die Creme
375 ml Milch
80 g Zucker
6 Blatt weiße Gelatine
1 Pck. Vanillepuddingpulver
100 ml Orangensaft
200 g Sahne
250 g Magerquark

TIPP

Erst die Hälfte der Creme auf den Boden streichen, dann mit Pfirsichwürfeln (von 3 frischen Pfirsichen oder 6 halben Pfirsichen aus der Dose) belegen und den Rest der Creme daraufstreichen.

1 Einen Backrahmen (24 × 24 cm) auf eine Tortenplatte stellen. Die Schoko-Puffreis-Quadrate zu einem Boden zusammenlegen. Restliche Quadrate in kleine Stücke schneiden und für die Garnitur beiseitelegen.

2 Für den Belag Milch und Zucker in einen Topf geben und aufkochen. Gelatine in kaltem Wasser einweichen. Puddingpulver mit Orangensaft anrühren und in die vom Herd genommene Milch rühren. Das Ganze aufkochen lassen und wieder vom Herd ziehen. Gelatine ausdrücken und im Pudding auflösen. Pudding erkalten lassen.

3 Die Sahne steif schlagen und unter den abgekühlten Pudding rühren. Die Creme auf dem Boden verstreichen und den Kuchen 4 Stunden kalt stellen. Vorsichtig den Backrahmen lösen und den Kuchen in Stücke schneiden. Mit den Schoko-Puffreis-Stückchen garnieren.

KNUSPER-CHEESE
MIT MANGO

FÜR 12 STÜCKE

Für den Boden
100 g Zartbitterschokolade
100 g Vollmilchschokolade
200 g Knuspermüsli

Für den Belag
1 Pck. Gelatinepulver
500 g Magerquark
250 g Sahnequark
100–150 g Zucker
Saft von 1 Zitrone
300 g Mangofruchtfleisch
200 g Sahne
50 g Butter
50 g Zucker
75 g grob gehackte Haselnüsse

Außerdem
ganze Haselnüsse zum Garnieren
geröstete kernige Haferflocken (nach Belieben)

TIPP

Als Alternative eine andere Obstsorte verwenden, z. B. Mandarinen, Erdbeeren, süße, halbierte Weintrauben.

Statt mit Haselnüssen den Karamell mit ungesalzenen Erdnüssen zubereiten.

1 Für den Boden Schokolade klein brechen und im heißen Wasserbad schmelzen. Mit dem Knuspermüsli vermengen. 12 kleine Häufchen davon auf Alufolie setzen und kalt stellen. Einen Springformrand (Ø 26 cm) auf eine mit Backpapier oder mit Tortenspitze belegte Tortenplatte setzen und die restliche Masse mit einem Löffel zu einem Boden andrücken. 2 Stunden kalt stellen.

2 Für den Belag die Gelatine nach Packungsanleitung auflösen. Beide Quarksorten in eine Rührschüssel geben. Mit Zucker und Zitronensaft verrühren. Die Gelatine mit etwas von der Quarkcreme verrühren, dann alles unter die übrige Quarkcreme rühren. Das Mangofruchtfleisch würfeln und unterheben. Die Sahne steif schlagen und unterziehen. Die Creme auf dem Boden verteilen und die Torte 3 Stunden kalt stellen.

3 Butter und Zucker in eine Pfanne geben und unter Rühren karamellisieren lassen. Dann die Haselnüsse unterrühren. Die Torte mit den erkalteten Schoko-Häufchen garnieren und die Karamellmasse streifig durch die Oberfläche ziehen. Die Torte 4–5 Stunden kalt stellen.

FRISCHKÄSE-
SCHOKO-TORTE

FÜR 12 STÜCKE

Für den Boden
150 g Vollkorn-Butterkekse
75 g Butter

Für den Belag
100 g ganze Mandeln, ohne Haut
6 Blatt weiße Gelatine
100 g Zartbitterschokolade
400 g Sahne
400 g Frischkäse
150 g Joghurt
75 g flüssiger Honig
1–2 El Zucker
1 Pck. Vanillezucker

Außerdem
75 g Zartbitterschokolade und
3 El Mandelblätter zum Garnieren

TIPP

Der Boden kann auch mit Löffelbiskuits zubereitet werden. Noch schokoladiger schmeckt die Torte, wenn man Schokoladenkekse verwendet.

1 Für den Boden Butterkekse in einen Gefrierbeutel geben und diesen fest verschließen. Mit einer Teigrolle fein zerbröseln. Butter zerlassen und mit den Keksbröseln vermengen. Einen Springformrand (Ø 26 cm) auf eine mit Backpapier oder mit Tortenspitze belegte Tortenplatte setzen und die Masse mit einem Löffel zu einem Boden andrücken. 1 Stunde kalt stellen.

2 Für den Belag Mandeln grob hacken und in einer Pfanne ohne Fett einige Minuten rösten und abkühlen lassen. Gelatine in kaltem Wasser einweichen. Schokolade grob hacken und die Sahne steif schlagen. Frischkäse, Joghurt, Honig, Zucker und Vanillezucker in eine Rührschüssel geben und kurz verrühren.

3 Gelatine ausdrücken und auflösen. Etwas von der Frischkäsecreme in die Gelatine rühren, dann alles unter die übrige Creme rühren. Erst Sahne, dann geröstete Mandeln und gehackte Schokolade unterheben. Die Creme leicht wellenartig auf den Tortenboden streichen und die Torte über Nacht kalt stellen.

4 Den Springformrand lösen. Zum Garnieren die Schokolade in Stücke brechen und im heißen Wasserbad schmelzen. Etwas abkühlen lassen, dann in ein Pergamenttütchen füllen, die Spitze abschneiden und die Torte mit Schokostreifen verzieren. Mit Mandelblättchen bestreuen.

MOUSSE-AU-CHOCOLAT-
WOLKE

FÜR 8 STÜCKE

Für den Boden
50 g gehobelte Mandeln
75 g Butterkekse
80 g Butter

Für den Belag
1 Pck. Dessertpulver „Mousse au Chocolat“
250 ml Milch

Außerdem
geraspelte Schokolade zum Garnieren

TIPP

Nach Belieben die Torte zusätzlich mit halbierten Pralinen, Kokoskugeln oder Minztafeln garnieren. Statt Butterkekse Schokoladenkekse für den Boden verwenden. Essen Kinder mit, die Torte alternativ mit Popcorn verzieren.

1 Für den Boden Mandeln in einer Pfanne ohne Fett rösten. Butterkekse und abgekühlte Mandeln in einen Gefrierbeutel geben und diesen fest verschließen. Mit einer Teigrolle fein zerbröseln. Butter zerlassen und mit den Bröseln gut vermengen. Den Springformrand (Ø 22 cm) auf eine mit Backpapier oder mit Tortenspitze belegte Tortenplatte setzen und die Masse mit einem Löffel zu einem Boden andrücken. 1 Stunde kalt stellen.

2 Für den Belag aus der Milch und dem Mousse-au-Chocolat-Cremepulver nach Packungsanleitung eine Creme zubereiten. Diese wolkenartig auf dem Boden verstreichen und die Torte 4 Stunden kalt stellen. Den Springformrand lösen. Vor dem Servieren die Torte mit geraspelter Schokolade bestreuen.

SCHOKOKUSS-
POPCORN-SINFONIE

FÜR 12 STÜCKE

Für den Boden
75 g Popcorn
125 g Vollmilchschokolade

Für den Belag
12 Schokoküsse
250 g Magerquark
1 El Zitronensaft
200 g Sahne
200 g Stachelbeeren (aus dem Glas)

Außerdem
Popcorn zum Garnieren

TIPP
Schmeckt auch gut mit einer Mischung aus Sauerkirschen und Banane.

1 Für den Boden Popcorn mit einem Messer grob zerkleinern und in eine Schüssel geben. Schokolade grob hacken und im heißen Wasserbad schmelzen. Schokolade gut mit den Popcornbröseln mischen. Das Ganze gleichmäßig auf dem Boden einer Springform (Ø 26 cm) verteilen und andrücken. Boden kalt stellen und fest werden lassen.

2 Für den Belag Waffeln von den Schokoküssen abnehmen und zur Seite legen. Den Rest in eine Schüssel legen und mit einer Gabel zerdrücken. Quark und Zitronensaft zugeben und mit der Schokokuss-Masse verrühren. Sahne steif schlagen und unterheben. Stachelbeeren im Sieb abtropfen lassen.

3 Den Boden mit Stachelbeeren belegen. Die Schokokuss-Creme daraufgeben und wellenförmig verstreichen. Die Waffeln an den Rand der Torte setzen und die Torte kalt stellen. Die Mitte mit Popcorn bestreuen.

KLEINE KÖSTLICHKEITEN

ES MUSS NICHT IMMER GLEICH EINE GROSSE TORTE SEIN, WENN NUR EIN ODER ZWEI GÄSTE VORBEIKOMMEN. WIE WÄRE ES MIT EINIGEN KLEINEN SCHNITTEN ODER TÖRTCHEN AUS DEM KÜHLSCHRANK? SIE SIND SCHNELL GEZAUBERT UND WERDEN MIT SICHERHEIT REISSENDEN ABSATZ FINDEN! OB MIT OBST, PUDDING ODER SAHNIGER CREME: DIE KLEINEN KÖSTLICHKEITEN SIND DIE VERFÜHRUNG PUR UND BRINGEN ABWECHSLUNG AUF DEN HEIMISCHEN KAFFEETISCH!

KNUSPERSCHNITTEN
MIT MIRABELLEN

FÜR 16 STÜCKE

Für den Boden
300 g weiße Kuvertüre
25 g Butter
125 g Cornflakes

Für den Belag
1 Glas Mirabellen (720 ml)
500 g Mascarpone
500 g Magerquark
75 g feiner Zucker
1 Pck. Vanillezucker
abgeriebene Schale von ½ unbehandelten Zitrone
2 El Zitronensaft

Außerdem
Butter für die Form

1 Eine Backform (24 × 24 cm) leicht fetten und mit Backpapier auslegen.

2 Die Kuvertüre fein hacken und mit der Butter in einem Topf schmelzen. Die Cornflakes zugeben und die Zutaten gut vermengen. Ein Viertel der Masse abnehmen und 8 kleine Häufchen auf ein Stück Backpapier setzen und trocknen lassen. Die restliche Masse in die vorbereitete Backform geben und zu einem Boden verstreichen und andrücken. Den Boden 1 Stunde in den Kühlschrank stellen.

3 Mirabellen in ein Sieb schütten und abtropfen lassen. Einige Mirabellen zum Garnieren beiseitelegen. Den Boden vorsichtig aus der Form nehmen und auf einen Servierteller legen. Einen Backrahmen darumstellen.

4 Mascarpone, Quark, Zucker, Vanillezucker, Zitronenschale und Saft in eine Rührschüssel geben und cremig rühren. Ein Drittel der Creme auf den vorbereiteten Boden geben und glatt verstreichen. Die abgetropften Mirabellen darauf verteilen. Die restliche Creme daraufgeben und verstreichen und den Kuchen mindestens 4 Stunden kalt stellen.

5 Den Backrahmen lösen, den Kuchen in Schnitten schneiden und mit Mirabellen garnieren. Knusperhäufchen etwas zerkleinern und auf die Schnitten streuen.

CORNFLAKES-APRIKOSENTÖRTCHEN

FÜR CA. 12 STÜCK

Für den Boden
50 g Zartbitterschokolade
50 g Vollmilchschokolade
50 g Cornflakes

Für den Belag
4 El Puderzucker
6 El Mandellikör
200 g Frischkäse
250 g Ricotta
12 halbe Aprikosen aus der Dose

Außerdem
Schokospäne zum Bestreuen

1 Beide Schokoladensorten in Stücke brechen und im heißen Wasserbad schmelzen. Cornflakes zugeben und untermengen. Die Cornflakes-Schoko-Masse auf ein kleines mit Backpapier belegtes Schneidbrett geben und zu einem 15 × 15 cm großen Quadrat formen. Glatt streichen und 2 Stunden in den Kühlschrank stellen.

2 Puderzucker mit Mandellikör verrühren, Frischkäse und Ricotta unterrühren. Die Schoko-Cornflakes-Platte in Quadrate schneiden. Jedes Quadrat mit Frischkäsecreme bestreichen und mit einer Aprikosenhälfte belegen. Mit Schokospänen garnieren.

TIPP

Die Frischkäsecreme mit anderen Früchten, etwa Kiwis, belegen und statt mit Schokospänen mit Cornflakes überstreuen.

ANANAS-MUFFINS
MIT KOKOS-SAHNE

FÜR 12 STÜCK

Für den Boden
160 g Butterkekse
100 g Butter
1 Tl Kakaopulver

Für den Belag
6 Scheiben Ananas aus der Dose
250 g Sahne
1 Pck. Vanillezucker
2 El Kokosraspel

Außerdem
Kokosraspel und Kakaopulver zum Bestreuen und Bestäuben
Papierförmchen

1 Die Butterkekse in einen Gefrierbeutel geben, diesen fest verschließen und mit einer Teigrolle die Kekse fein zerbröseln. Keksbrösel mit Kakaopulver mischen. Butter zerlassen und unterrühren. Die Muffinform mit Papierförmchen auskleiden, die Keksmischung in die Förmchen geben und andrücken. 1 Stunde im Kühlschrank fest werden lassen.

2 Die Böden vorsichtig lösen und auf einen Servierteller setzen. Ananas in einem Sieb abtropfen lassen, dann in kleine Würfel schneiden. Sahne mit Vanillezucker steif schlagen und die Kokosraspel untermengen.

3 Ananasstücke auf den Böden verteilen, die Kokos-Sahne in einen Spritzbeutel füllen und die Muffins damit verzieren. Muffins bis zum Verzehr kalt stellen, vor dem Essen mit Kakaopulver oder Kokosraspel bestreuen.

ERDBEER-BAISER-
TÖRTCHEN

FÜR CA. 8 STÜCK

Für den Boden
100 g Zartbitterschokolade
25 g Kokosfett
200 g Puffreis mit Schokolade

Für den Belag
6 Baiserschalen
200 g Erdbeeren
250 g Sahne
½ Pck. Vanillezucker

Außerdem
Erdbeeren zum Verzieren
Schokoladenstreusel zum Bestreuen
Öl für die Form

TIPP

Statt mit geraspelter mit flüssiger Schokolade verzieren und statt Erdbeeren mit einem Püree aus Aprikosen zubereiten.

1 Schokolade grob hacken. Kokosfett zufügen und in einem warmen Wasserbad vorsichtig schmelzen. Puffreis zerbröseln. Schokolade und Puffreis vermengen. Den Boden einer rechteckigen Backform (28 × 24 cm) mit Öl bestreichen und die Masse darauf verteilen. Etwas andrücken und 30 Minuten kalt stellen. Aus dem Kühlschrank nehmen und den Boden in Schnitten schneiden oder runde, 7 cm große Törtchen ausstechen. Wieder in den Kühlschrank stellen.

2 Baiserschalen zerbröseln. Erdbeeren putzen, vierteln und pürieren. Sahne mit Vanillezucker steif schlagen. Baiser, Erdbeeren und Sahne verrühren und jeweils etwas davon auf die Puffreistörtchen oder -schnitten geben. Mit jeweils einer Erdbeere und Schokostreuseln verzieren.

WAFFEL-SAHNE-BERGE

MIT HIMBEEREN

FÜR 6 STÜCK

6 viereckige Waffeln
250 g Sahne
½ Pck. Vanillezucker
6 rosa Mini-Baisertupfen
18 Himbeeren

Außerdem
geschabte weiße Schokolade
zum Garnieren (nach Belieben)

TIPP

100 g Himbeeren pürieren und unter die Sahne rühren. Statt mit einem rosa Baisertupfen mit einigen Gummibären garnieren.

1 Die Waffeln auf 6 Tellern anrichten.

2 Für den Belag die Sahne mit dem Vanillezucker steif schlagen, in einen Spritzbeutel füllen und jeweils dicke Sahnetupfen auf die Waffeln spritzen.

3 Zum Garnieren jede Waffel mit einem rosa Baisertupfen und 3 Himbeeren garnieren. Nach Belieben mit geschabter weißer Schokolade garnieren.

KIRSCH-AMARETTINI-SCHNITTEN

FÜR CA. 12 STÜCKE

Für den Boden
100 g Butterkekse
75 g Amarettini
100 g Butter

Für den Belag
400 g Sahne
½ Pck. Vanillezucker
1 El Kakaopulver
1 Glas Sauerkirschkonfitüre

Außerdem
einige Amarettini und Kirschen zum Garnieren
Öl für die Form

TIPP

Statt Sauerkirschkonfitüre Mangoaufstrich verwenden und die Schnitten mit frischen Mangospalten garnieren.

1 Butterkekse und Amaretti in einen Gefrierbeutel geben und mit der Kuchenrolle zerbröseln. Butter in einem kleinen Topf zerlassen. Brösel und Butter vermengen. Den Boden einer Backform (28 x 24 cm) mit Öl bepinseln, dann die Bröselmasse auf dem Boden verteilen und festdrücken. Form 30 Minuten kalt stellen.

2 Für den Belag die Sahne steif schlagen, Vanillezucker einrieseln lassen und Kakaopulver unterrühren. Die Sahne auf der Gebäckplatte verstreichen und die Gebäckplatte in Stücke schneiden. Auf jedes Stück jeweils einen kleinen Klecks Konfitüre geben und etwas mit der Sahne verwirbeln, sodass ein Muster entsteht. Jeweils eine Kirsche daraufsetzen und das Ganze mit zerbröselten Amarettini bestreuen. Bis zum Servieren kalt stellen.

BUNTE
MARSHMALLOW-WÜRFEL

FÜR 16 STÜCKE

175 g Butterkekse
200 g Zartbitterschokolade
200 g Vollmilchschokolade
4 El Honig
150 g Butter
80 g bunte, kleine Marshmallows
80 g grob gehackte Walnüsse

Außerdem
Puderzucker zum Bestäuben

TIPP

Statt Walnüsse gehackte Haselnüsse verwenden. Nach Belieben dazu geschlagene Sahne in dicken Tupfen daraufspritzen.

1 Butterkekse in einen Gefrierbeutel geben, den Beutel fest verschließen und mit einer Teigrolle die Kekse zerbröseln.

2 Beide Schokoladensorten grob zerkleinern und mit dem Honig und der Butter im heißen Wasserbad schmelzen. Etwas abkühlen lassen. Eine Backform (ca. 20 × 20 cm) mit Alufolie auslegen. Marshmallows grob zerkleinern.

3 Keksbrösel, Marshmallows und Nüsse zur Schokolade geben und die Zutaten gut vermengen. Die Masse in die Form füllen und glatt streichen. 4 Stunden kalt stellen.

4 Den Kuchen aus der Form lösen. Die Folie abziehen und den Kuchen in kleine Stücke schneiden. Mit Puderzucker bestäuben.

COOKIE-TÖRTCHEN
MIT CREME

FÜR 6 STÜCK

6 runde Schoko-Cookies
6 El Whisky-Sahnelikör zum Beträufeln
200 g Ricotta
250 g Frischkäse
75 g Puderzucker

Außerdem
Kakaopulver zum Bestäuben
Papierförmchen

1 In die 6 Vertiefungen einer Muffinform Papierförmchen setzen. Die Cookies mit der oberen runden Seite nach unten in die Vertiefungen der Muffinform legen. Gegebenenfalls müssen diese mit dem Messer etwas zurechtgeschnitten werden, damit sie flach darin liegen.

2 Die Cookies mit Likör beträufeln. Restlichen Likör mit Ricotta, Frischkäse und Puderzucker aufschlagen. In einen Spritzbeutel geben und jeweils auf die Cookies spritzen. Die Cookies kalt stellen.

3 Vor dem Verzehr mit Kakaopulver bestäuben.

REZEPTVERZEICHNIS